Manuel pour le nouveau paradigme

Titre original anglais : Handbook for the New Paradigm

Publié par :
Bridger House Publishers, Inc.
P. O. Box 2208, Carson City, NV 89702

ISBN
978-0-9799176-0-8

Graphisme de couverture : The Right Type
Imprimé aux États-Unis d'Amérique

Un message personnel à votre intention

INTRODUCTION

Section I

Nous en sommes au moment de l'évolution de notre planète où nous nous posons tous les mêmes questions : Pourquoi moi ? Pourquoi maintenant ? Quelle est la réalité sous-jacente que nous vivons présentement ? Que se passe-t-il vraiment, dans les coulisses et que nous percevons de tous nos sens ? Pourquoi avons-nous ce sentiment que derrière les apparences se cache une réalité différente de celle qui nous est présentée ? En fait, qui a tramé tout ceci et qui tire les ficelles ? Y a-t-il réellement juste un groupe d'individus en charge ? Si c'est le cas, alors cette histoire de Dieu ne serait-elle après tout qu'un canular ? Il y en a qui croient que c'est là l'essence même du scénario. Heureusement pour le bien-être de tous, ce n'est pas la Vérité.

La Vérité, c'est qu'il y a plusieurs niveaux d'activités derrière ce qui semble être une pièce de théâtre d'une incroyable ampleur. Alors, qui rédige les rôles et à quoi rime le scénario ? Seriez-vous surpris d'apprendre que c'est vous qui en écrivez le texte et que le scénario n'aura pas de sens tant que vous ne lui en aurez pas donné un ? Si c'est le cas, alors quels sont les habitants de la planète qui peuvent lui en donner un ? Voilà, certains intéressés, un petit groupe en fait, ont décidé qu'ils aimeraient ajouter leur touche personnelle au scénario. Il y a un problème dans tout cela car ils ont choisi de donner au scénario une tournure qui n'est pas en accord avec le créateur du plateau et du théâtre où se jouera la pièce. En fait, ce groupe réserve une grande surprise au public et aux acteurs à la fin de la pièce. Le dessein qu'il nourrit est celui de détruire le public, les acteurs, le plateau et le théâtre.

Étant donné que le créateur tient beaucoup à son théâtre, qu'il le considère comme sa marotte, cette idée ne lui convient pas du tout. Il n'est pas du genre à s'opposer aux productions innovatrices présentées au sein de son théâtre, loin de là ; il s'attend même à ce que l'auditoire fasse ses propres changements. Il y a un type de production qui demande la participation de l'assistance plutôt qu'une simple présence passive. Le propriétaire du théâtre se pose la question suivante : si la pièce présentée devenait suffisamment désagréable pour l'auditoire, les gens quitteraient-ils simplement les lieux sans plus y penser ? Cela aurait comme conséquence que la troupe et son metteur en scène se détruiraient ; seulement voilà, le propriétaire du théâtre ne tient pas du tout à ce que sa propriété se trouve détruite du même coup. Il espère que le public offrira d'autres solutions. Peut-être pourrait-il y avoir une participation de l'auditoire qui permettrait l'introduction de nouveaux personnages qui ajouteraient des répliques de leur cru au scénario existant ? Si une nouvelle tournure pouvait être donnée au scénario, grâce à des personnages qui puissent en changer le dénouement, alors la représentation pourrait se transformer en une comédie, un mystère ou une histoire d'amour plutôt qu'une tragédie. Se pourrait-il que la participation du public puisse en effet créer un tout nouveau genre d'expérience ? Plutôt que de toujours montrer les mêmes histoires connues, l'auditoire, mû par son intense désir, pourrait-il modifier l'histoire et arriver à un scénario créateur qui contiendrait des possibilités encore inexplorées ? Pourquoi pas ? Plus le désir de changement est grand, plus s'accroît la possibilité de conquérir de nouvelles frontières pour la création de thèmes d'histoires. Lorsqu'un groupe concentré sur un sujet précis agit spontanément, sans la tutelle d'un dirigeant conventionnel avec un ordre du jour bien arrêté, la conception de thèmes sortant de l'ordinaire n'est pas seulement possible, elle est probable.

Dans quel but cette discussion est-elle engagée ? Il est temps pour vous de réaliser que la responsabilité vous revient de changer la destination du chemin que vous êtes maintenant obligés de prendre. Vous êtes déjà loin du stade où l'on vous guidait. Vous êtes au stade où l'on vous pousse dans le dos. Vous en êtes au stade où la résistance ne peut réussir ; par conséquent, vous allez devoir accomplir ceci par d'autres moyens. Une nouvelle façon de résoudre la situation doit littéralement être créée. Aucun changement ne peut être apporté à cette situation en utilisant les anciennes techniques. Ceux qui vous ont conduits jusqu'ici connaissent tellement bien la nature humaine présente qu'ils ont bloqué tout stratagème que vous pourriez concevoir. Ils connaissent très bien toutes les cellules de résistance et ils ne tolèrent leur existence que dans la mesure où elles jouent un rôle dans leur plan. Ces cellules serviront à illustrer graphiquement ce qu'ils ne permettront pas.

Maintenant, vous devez bien comprendre qu'il y a une porte de sortie pour l'humanité au travers de cette expérience, mais vous devez passer à l'état créateur et non pas adopter une attitude rigide (résister). Se basant sur vos façons antérieures de réagir, l'équipe adverse ne s'attend pas à cela de votre part. Je peux vous assurer que votre histoire a été analysée et étudiée par bien des intellects et qu'il y a eu des études de modèles faites sur ordinateur, à un point tel que vous êtes connus au-delà de ce que vous pouvez imaginer. Tous vos scénarios de réactions ont été disséqués jusqu'au niveau cellulaire et des mesures restrictives ont été mises en place pour chacun d'eux. Vous êtes confrontés avec la possibilité de votre extinction à moins que vous ne fassiez un saut cosmique jusqu'au niveau d'imagination créatrice qui annulera complètement ces plans. N'avez-vous pas vos propres ordinateurs ? Ne pouvez-vous pas vous rallier en groupes de discussion créatrice et demander l'accès à l'Esprit même de ce qui vous a créés ? « Là où se trouvent deux ou plus d'entre vous rassemblés en mon nom – dans un désir mutuel de compréhension harmonieuse – je suis présent.»

Les cris et les supplications que vous adressez à Dieu, Jésus, Bouddha ou Mahomet pour vous sortir de cette situation, sont inutiles. Vous avez permis à ce démon de vous posséder et c'est donc à vous, collectivement et individuellement, que revient la conception de cette solution. Vous devez faire une nouvelle prise de conscience. Tous les membres de l'humanité ne choisiront pas d'y participer. Il y en aura qui baisseront la tête sous le blâme et joueront les victimes. Qu'il en soit ainsi. Laissez-les. Vous n'avez pas le temps de recruter parmi eux. Quelle sorte de créativité pourraient-ils vous offrir de toutes façons ? Ceci est un appel au clairon pour éveiller ceux qui ont assez de force de caractère pour agir fermement selon leurs propres convictions et s'engager à ne pas laisser la situation évoluer jusqu'au point final prédéterminé. Même ceux qui sont au cœur de ce plan abominable ne réalisent pas que la fin sera, en fait, l'anéantissement complet. Malheureusement, le plan comprend non seulement l'anéantissement des individus et de la planète, mais aussi celui de domaines qui dépassent l'imagination.

Comment cela arrivera-t-il ? Comment un changement peut-il se produire au milieu d'un tel manque de compréhension, quand vous ne savez pas plus qui vous êtes que ce que vous êtes ? Dans l'immédiat, nous avons encore du temps avant que le nœud coulant ne se resserre ; le mouvement sur la planète est encore possible. Des groupes devront se réunir pour agrandir leurs visions et invoquer de l'aide des plus hautes sources de connaissances afin de se faire assister dans leur conception d'une nouvelle manière de vivre. Ceci ne peut être copié sur aucune autre expérience. Ce doit être littéralement un saut conceptuel, encore incomplet mais tout de même le point de départ de la nouvelle trame de l'expérience. Ceci n'est pas un processus qui peut être expliqué en détail. Il est brumeux au départ puisqu'il est conçu en tant que possibilité, et il doit en être ainsi. Les frontières du connu doivent être transcendées. Est-ce une mission surhumaine ? En effet, mais pas du tout impossible. Le désir et la nécessité nous mettent au défi de concevoir les choses différemment.

A-t-on déjà présenté cette possibilité au genre humain de cette planète ? Certainement. Mais à chaque fois, il s'est replié sur des stratégies connues. Il est le créateur de la situation présente. La tâche lui revenait de faire ce saut ; maintenant, la situation est telle qu'il doit se mettre à l'œuvre ou faire face à la possibilité que son existence ne tire à sa fin. Tout ceci est son œuvre. L'humanité n'a personne d'autre à blâmer ; alors, elle doit prendre une direction diamétralement opposée à son attitude passée où elle refusait de se charger du projet en entier ; elle doit s'en charger avec détermination et dévouement.

Section II

L'énergie qui maintient cette planète en orbite dans le système solaire n'a pas recours à la force pour y arriver ; en fait, le procédé qu'elle utilise ne nécessite aucun effort. Le concept actuel du pouvoir repose sur l'effort en tant que force. Puisque la pensée attire la manifestation, c'est bien vous qui vous êtes donné l'expérience de l'effort, de la force et du pouvoir. Il existe d'autres expériences qui n'utilisent pas ce concept. Les projets de fusées spatiales en sont un exemple. Vos ressources sont utilisées pour propulser une fusée et son cargo en orbite autour de cette planète et au-delà. Pourtant, vous recevez la visite d'êtres venant d'autres planètes qui pénètrent votre champ gravitationnel et le quittent sans gaspillage d'énergie. Cela ne vous prouve-t-il pas qu'il existe d'autres façons de générer le mouvement sans ces méthodes si coûteuses et dangereuses ? Cette question est intrigante. Il y a beaucoup d'individus qui connaissent l'existence de ces possibilités mais qui sont incapables de concevoir des solutions ne demandant pas un grand effort énergétique pour échapper à ce qui, d'après leurs croyances, les retient à la planète. Ce n'est pas le champ gravitationnel qui les attache ici, c'est la conscience. Le fait que la pensée soit en interaction avec elle-même leur échappe. Ils savent que leurs pensées peuvent influencer le résultat de l'expérience. Cependant, le concept que la pensée une fois projetée puisse être libérée pour dialoguer avec elle-même et que ceci puisse entraîner un résultat au-delà d'un résultat anticipé (désiré) n'est pas compris. Le besoin de contrôler, d'observer et de prouver le procédé les empêche d'accéder à de nouvelles dimensions de la compréhension. Ce qui leur manque, c'est la capacité de croire que le processus ne peut amener que des résultats positifs, une fois la pensée libérée pour dialoguer avec elle-même et sur elle-même. La pensée libérée pour se métamorphoser d'elle-même reviendra sous la forme d'une manifestation magnifique allant bien au-delà des limites de notre imagination.

Maintenant, le défi est lancé à ceux qui veulent jouer un rôle dans le changement des sombres desseins affectant le destin de la planète. Pouvez-vous élargir votre conscience pour comprendre un processus qui vous dépasse ? Il vous faut d'abord la volonté de participer à un nouveau paradigme d'expérience. Cependant, abandonner le connu et vouloir s'aventurer dans l'inconnu demande le courage de laisser derrière ce que vous percevez comme étant l'avancement de cette « civilisation » depuis l'âge de pierre jusqu'à nos jours où beaucoup d'entre vous jouissent actuellement des avantages de la technologie moderne. Savez-vous que le mot civilisation est synonyme d'esclavage ? Pour permettre la réussite de l'expérience actuelle, il a fallu abandonner la liberté inhérente au choix personnel au profit de l'organisation du groupe. Au-delà de la famille, aucune organisation n'est nécessaire. La responsabilité personnelle est le fondement de la liberté. La coopération est un phénomène naturel tant et aussi longtemps que le besoin de contrôler ne montre pas ses dents. Ce besoin n'est pas inné. Il fut inculqué et ensuite renforcé par l'usage.

Comment faire pour transcender cette habitude quand elle est ancrée si profondément au niveau planétaire ? La situation a atteint un point tel que l'homme ne peut se libérer de cette accoutumance, seul et par lui-même. Les adversaires le savent bien. Ils sont certains qu'en l'occurrence, l'humanité ne peut rien y changer. Alors comment ce changement, point de départ primordial pour un glissement vers un nouveau paradigme d'expérience, se produira-t-il ? Cela est possible si nous comprenons bien que la pensée focalisée et libérée peut, en effet, agir d'elle-même et sur elle-même. Bien que cela semble simpliste – et c'est effectivement une réalité simpliste – c'est un outil puissant. Pour que ce processus marche, certains critères doivent être réunis. Puisque c'est un procédé d'ordre divin, il doit contenir au niveau de son intention, la volonté d'être en accord avec le processus perpétuel. Son objectif doit viser l'évolution continue de ceux qui bénéficieront de son absorption dans la matrice universelle, suite au mouvement expansif de ses sphères d'influence. L'intention de syntonisation avec les lois divines est la clé de son succès. Si on réduit tout ceci à une formule mathématique, alors son inclusion doit s'insérer parfaitement dans les formules divines qui permettent l'harmonie dans le reste de la Création. La pensée pensant d'elle-même saura décider si cela est acceptable. C'est la raison pour laquelle les forces de l'opposition ne peuvent utiliser ce procédé ; elles ne veulent pas l'harmonisation. Le désir pur d'avoir l'intention de s'harmoniser est une condition préalable primordiale. La pensée ébauchée doit être spécifique uniquement en ce point-là. Le but visé doit fournir une direction à l'intention permettant au processus de la pensée de manifester selon l'ordre divin. On doit libérer la pensée en toute confiance, sachant que tout cela est déjà accompli aux niveaux que vous appelez éthériques et qu'elle se concrétisera alors en une réalité reconnaissable, utilisant tous les déclencheurs disponibles pour une interaction appropriée.

Comment pouvez-vous savoir si cela produira vraiment les résultats désirés ou si ce n'est pas encore un autre stratagème de l'opposition pour vous garder sous contrôle ? En avez-vous entendu parler aux nouvelles présentées par les médias ? Y a-t-il quelqu'un du monde des communications sérieuses qui vous a suggéré que c'était la chose à faire ? Non, certainement pas ! Vous êtes programmés à concentrer votre énergie sur la préservation de vos corps sexy et sur des pensées humanitaires pour les multitudes souffrantes, alors que vous prenez une autre bouchée de steak au restaurant ou tout au moins, que vous mangez un hamburger de plus, acheté sur le chemin du retour après une journée de travail improductif à votre ordinateur. Le procédé qui vous permet de recevoir cette information utilise les merveilles de votre ordinateur. C'est un exemple de la pensée en interaction avec elle-même avec l'ajout d'un objectif. C'est en focalisant votre intention que vous initierez la démarche que vous désirez. Alors, la pensée projetée par l'intention se complétera dans sa beauté grâce à l'énergie de votre foi et de votre confiance. Le fait que vous soyez convaincus que sa forme éthérique a été complétée en moins d'un clin d'œil lui permettra de se manifester dans une réalité tridimensionnelle. Les processus de la création, semblables à ceux des ordinateurs, sont effectivement dotés de rapidité. Alors, une fois encore, il vous reviendra de jouer votre rôle dans la concrétisation de ces nouveaux concepts dans votre dimension.

Section III

Conformément à un dessein soigneusement élaboré et précis des forces de l'opposition, la réalité de l'expérience terrestre est actuellement manufacturée en un pattern de mouvement descendant vers les niveaux des énergies les plus sombres et les plus lourdes où le corps humain puisse exister. Cela rend plus difficile la relation entre l'âme (source originelle) et son extension (être incarné). Leur dessein ne se limite pas à cela. Ils entendent séparer ces deux énergies. Avant d'en arriver là, des manipulations complexes de l'être incarné devront être effectuées. La « capture » de l'énergie de l'âme a pour but de causer une rupture dans la chaîne des énergies qui proviennent de la matrice de l'âme. Les concepteurs de ce plan croient ainsi pouvoir causer un effondrement des énergies positives qui constituent les éléments de base de la Création. Selon eux, une interruption du flot de l'énergie remontant à sa source provoquera une rupture dans le schéma plus élaboré de la matrice galactique. Ce groupe de séparatistes a prévu qu'une réaction en chaîne en résulterait, entraînant un chaos de grande envergure qu'ils pourraient réorganiser dans le cadre de leur propre matrice. C'est une entreprise arrogante et très ambitieuse. Il y a encore beaucoup d'étapes à passer pour que le plan puisse se réaliser. Ce n'est pas un plan conçu à la dernière minute. Mesuré en termes de temps terrestre, ils ont mis une éternité à le monter. Cependant, puisque leur plan va à l'encontre des paramètres régulateurs qui régissent la Création manifestée, ils sont incapables de tirer profit des procédés qui servent aussi de mesures de sécurité pour la Création en prévention de la réalisation d'un tel dessein.

Il est logique de vous demander : comment a-t-on permis à cette rébellion d'en arriver jusque là ? Ils se sont servis du fait que vous jouissez du libre arbitre comme principe de base pour arriver à manipuler l'humanité et à en faire le véhicule de leur pouvoir. Votre état d'esprit est exactement celui qu'il faut pour servir leurs fins. Quand une pression est appliquée à la connexion âme/extension, vous devenez suffisamment malléables pour être incités à vouloir changer, et le changement est exactement ce qu'ils veulent. À chaque point de jonction critique des cycles précédents, l'humanité a été amenée à modifier ce qui existait déjà plutôt que de vouloir une expérience entièrement nouvelle. Dans les cycles d'énergie qui maintiennent la Création manifestée dans les différentes dimensions, il y a des points critiques permettant le changement des paramètres vibratoires de ces dimensions. C'est lors de ces possibilités de changement qu'ils ont réussi à créer une spirale descendante, embrassant des énergies plus lourdes, au lieu d'élever la vibration comme il avait été prévu. Ceci n'est possible que lorsque la conscience des masses, à ce niveau vibratoire de l'expérience planétaire, se concentre sur des expériences au niveau le plus bas de cette dimension. Si vous considérez ceux qui servent d'exemple de nos jours, alors que nous approchons d'une autre de ces possibilités de changement, vous pouvez apprécier le niveau où se trouve la conscience populaire par rapport à ce que vous appelez la morale et le caractère. Cependant, il y a pour eux aussi un risque dans leur procédé. À un moment donné, la pression restrictive qu'ils appliquent pour contrôler les processus de pensée de la conscience populaire de la planète peut jouer contre eux et provoquer exactement l'opposé de ce qu'ils ont planifié. Cela leur fera manquer l'occasion du dernier changement vibratoire de la dimension nécessaire à l'achèvement de leurs plans.

Ils jouissent d'un succès certain dans l'utilisation de différentes techniques leur permettant d'affaiblir sérieusement la connexion âme/ esprit incarné. Grâce à la technologie et suite à une compréhension plus grande de la nature de l'expérience humaine, des techniques ont été développées qui prévoient leur réussite dans la séparation de l'âme et de son extension. Ils ont dérivé une confiance exagérée de la réussite de ces techniques utilisées sur des individus et ils sont persuadés qu'elles sont applicables à de vastes groupes représentant un pourcentage critique de la conscience populaire. Les résultats de ces succès expérimentaux les ont grisés et ils savourent déjà l'aboutissement de leurs buts divergents. (Cependant, il est possible d'inverser ces procédures et de réunir à nouveau les énergies dans leur intégrité, quoique la guérison complète des êtres qui ont servi de cobayes demandera beaucoup de soins. Ces individus recevront la grâce du Créateur pour garantir que la matrice de leur âme ne soit pas déformée.)

Ce tableau comporte bien des implications mais ne désespérez pas car, ayant pris conscience de ce qui se passe, il devient évident que vous n'êtes pas seuls pour remédier à cette situation. C'est simplement que le libre arbitre est au cœur de votre implication dans cette situation et c'est en utilisant votre libre arbitre que vous allez finalement faire quelque chose de suffisamment radical pour vous en sortir. Dans le passé, vous avez eu recours au changement pour vous tirer d'affaire, mais cela n'a fait qu'altérer la situation sans amener une résolution complète. Dans ce cas-ci, le scénario est tel que c'est littéralement « marche ou crève » pour utiliser votre vocabulaire. Votre salut dépend de la nature du choix que vous ferez. Souriez, vous êtes « du côté des gagnants ».

Section IV

Quand chaque citoyen comprendra que nous en sommes au point tournant de la conclusion d'un voyage spirituel constitué d'une multitude d'expéditions dans l'expérience terrestre, il deviendra évident qu'il n'y a plus un moment à perdre en ces dernières heures de cet épisode. Si vous voulez atteindre ce but et clore ce chapitre de l'histoire de l'expérience planétaire, vous ne devez pas le laisser écrire par ceux qui ont choisi de bafouer le plan du Créateur. Ce n'est pas le moment de confier ce changement aux autres. C'est une trop grande responsabilité pour vous en remettre au bon vouloir de quelques-uns. Vous devez faire votre part afin d'être assurés de la réalisation de cette transformation et de faire partie du nombre de ceux qui en feront une réalité.

Pour y parvenir, vous devez commencer par ouvrir les yeux et regarder ce qui se passe autour de vous. Vous devez ensuite arriver à la désagréable réalisation que c'est vous qui avez permis à tout cela de se passer parce que vous avez été influencés par un mensonge élaboré avec une méthodologie écrasante et que vous avez refusé de vous engager en prenant la moindre responsabilité personnelle pour changer quoi que ce soit. Le souvenir de vos intuitions antérieures vous amène à la vérité. Vous êtes maintenant conscients qu'il se passe quelque chose de funeste et l'avez été bien avant. En toute honnêteté, vous n'avez pas eu le courage de regarder les choses en face parce que vous craigniez les conséquences que cela pourrait avoir au niveau personnel. Le courage de faire face vous est venu à la suite de votre changement d'attitude. C'est l'énormité des conséquences de ce que les planificateurs de cette situation peuvent faire à votre avenir personnel, celui de votre famille et de vos amis, qui vous a permis de surmonter votre répugnance à vouloir savoir ce qui se passe. Ceci vous amène à considérer une implication plus vaste : celle de la planète et de ses habitants dans l'ensemble. Ce processus vous a finalement amenés à regarder la vérité en face, une vérité que vous avez voulu éviter à tout prix. Mais c'est elle qui vous libérera. Malheureusement, ce n'est pas quelque concept religieux ou ésotérique qui fera que « la vérité vous affranchira ». Vous devez bien comprendre que cette vérité concerne une situation qui pourrait mettre fin à votre expérience terrestre dans des circonstances tout à fait déplaisantes et qui menace également votre existence éternelle. Les enjeux sont extrêmement élevés et les circonstances certainement terribles.

Ce n'est pas le moment de vous cacher derrière votre excuse habituelle : « Qu'est qu'une seule personne peut faire ? » Un grand nombre de « une seule personne » peut accomplir beaucoup. Se transformer « en chair à canon » n'est pas une solution. La situation demande que vous deveniez une influence beaucoup plus subtile. Mettez-vous bien tout de suite une chose en tête. L'énergie subtile est puissante et l'énergie la plus puissante est subtile. On trouve cette phrase dans votre Bible : « Au commencement était le verbe. » Mais les mots sont des pensées prononcées à haute voix ; nous avons donc là une traduction inexacte. Au commencement était la pensée ! C'est là l'énergie subtile que nous vous demandons d'utiliser. Changez simplement le foyer de votre pensée. Ne vous attardez pas sur les horreurs de ce qui a été prévu pour vous. Faites le contraire et tournez votre pensée vers l'expérience que vous préféreriez vivre.

Vous êtes conditionnés par leur méthodologie à ne plus abriter que des pensées programmées sur les choses à posséder, l'opinion des autres, la survie parmi les meurtriers et les voleurs, et vous vous dérobez à la responsabilité de penser par vous-mêmes en devenant dépendants de la télévision, du cinéma et de la musique abasourdissante. Enfin, et ce n'est pas la moindre chose, s'ajoute la poursuite des expériences sexuelles, que ce soit à l'intérieur ou à l'extérieur de relations monogamiques. Il y a aussi la profusion impressionnante d'entités religieuses qui vous éloignent encore un peu plus de votre quête personnelle, celle de comprendre la nature de votre connexion avec la Source, au départ responsable de votre présence sur cette planète. Je peux vous assurer que Jésus, Bouddha et Mahomet n'y sont pour rien. Ce n'est pas que ces êtres-là n'aient pas existé ou qu'ils ne soient pas venus ici pour essayer de vous guider sur la façon de vous sortir de ce dilemme, mais il y a longtemps que leurs messages ont été altérés. Votre croyance en leur existence présente ou passée ne peut pas non plus leur servir d'ancrage pour vous tirer de là. Ils sont venus pour vous enseigner que vous devez vous en sortir en prenant vos responsabilités et en créant une nouvelle expérience planétaire à partir de la pensée. De cette manière, et seulement de cette manière, serez-vous capables d'aller au-delà de cette expérience pénible.

C'est par un engagement personnel envers l'énergie créatrice qui vous a amenés dans cette existence par le biais de sa pensée que vous assumerez cette responsabilité. Vous saurez comment participer à la création d'une nouvelle expérience qui remplacera ce cauchemar éveillé ! Comment ? Votre désir de savoir et de participer à sa création vous permettra de trouver. Alors, une coïncidence miraculeuse vous mettra sur la piste. Le point crucial de ce processus repose sur votre conviction intérieure que la chose la plus importante est de participer à la création d'une nouvelle expérience, diamétralement opposée à celle qui vous est actuellement réservée pour votre séjour final sur Terre.

Les preuves évidentes et irréfutables de la nécessité d'agir se retrouvent à profusion autour de vous. Vous n'avez qu'à ouvrir les yeux et considérer la succession rapide des changements qui se produisent dans vos libertés personnelles et prêter attention aux faits documentés qui vous sont présentés, oralement ou par écrit, à la radio, sur Internet et dans les livres. Sous peu, rien de tout cela ne vous sera accessible et vous serez limités au bouche à oreille ; il est donc impérieux que vous répondiez à cette information. Nous vous encourageons à réagir simplement en changeant d'attitude et en vous engageant à faire partie de ce mouvement subtilement puissant. Il n'y aura pas d'Armageddon tel que suggéré dans votre Bible. Quand la conscience des habitants de la planète se concentrera sur ce qui est souhaité plutôt que sur ce qu'on tente d'infliger, le monde qu'ils vous ont réservé s'en trouvera changé. C'est par un changement individuel intérieur que les forces extérieures qui ont l'intention de contrôler le fond même de votre prise de conscience seront vaincues. L'avenir des expériences qui vous attendent pour l'éternité ainsi que votre survie dépendent de votre acceptation de ce réveil au clairon.

Section V

C'est en effet un jour glorieux. La pluie tombe et l'air est pur. Une averse généreuse arrose la planète et la Terre mère commence son nettoyage avec élan. Est-ce le résultat d'une manipulation ? On pourrait le croire. Mais leurs méprisables machines sont-elles si puissantes que cela ? N'en soyez pas si sûrs. Souvenez-vous que la Terre est une projection de la pensée et que la pensée est à la fois consciente et en interaction avec elle-même à différents degrés. Dans quelle mesure la Terre penserait-elle ? Réfléchissez à la question.

C'est le moment de surveiller la relève de la garde. Il semble que le contrôle de la destinée de la planète ait échappé à ses habitants, comme il semble que le contrôle de la République des É.-U. n'appartienne plus à son peuple. Présentement, un mouvement commence à se faire sentir en terme de prise de conscience chez les Terriens. Ces degrés de prise de conscience sont subtils et puissants. Ce changement n'est pas notable à un niveau vibratoire qui puisse alerter les forces négatives. Il acquiert sa force vive dans les niveaux subtils et puissants des forces énergétiques qui maintiennent cette planète en existence. C'est la pensée en interaction avec elle-même. Cela va de pair avec une modification de perception dans la conscience populaire semblable au phénomène naturel de la mue. Prenons l'exemple du serpent. Lorsque vient le temps de changer de peau, il ressent une démangeaison. La mue entraîne une période de vulnérabilité et de danger face aux ennemis car c'est un processus interne. Donc, le serpent va s'abriter dans un antre disponible car il devient littéralement aveugle au cours du changement de peau. Bien que toute son attention soit tournée vers l'intérieur, le phénomène de sa mue entraîne la formation d'une nouvelle expérience extérieure, puisqu'il a outrepassé sa capacité de continuer à vivre tel qu'il est. Même la membrane lui recouvrant les yeux change ; il pose donc un regard nouveau sur son monde. Il n'y a que sa mort qui puisse interrompre ce phénomène cyclique ; c'est pourquoi il se montre extrêmement prudent durant cette période de transformation. Face à l'énorme dilemme que nous devons résoudre pour permettre à l'humanité de progresser, ceci est pour nous une excellente analogie. La nature nous montre, au moyen de nombreux exemples – comme celui du fœtus qui, devenu trop gros pour l'utérus, doit abandonner son expérience actuelle et sortir s'aventurer dans un environnement complètement nouveau – que ce phénomène est une phase naturelle de l'expérience de vie manifestée.

Ce n'est pas un hasard si les hommes sont entassés dans les zones métropolitaines qui les aliènent de la nature. Cette technique a été utilisée maintes fois pour supprimer le pouvoir individuel qui contrôle l'expérience de vie. Une forme soigneusement compressée est plus facilement manipulable. Ce phénomène est fort utile pour initier le mouvement quand on veut pousser les individus dans des situations allant à l'encontre de leur inclinaison naturelle à prendre individuellement leur responsabilité dans le choix de leur expérience de vie. Ce regroupement en troupeau étouffe les désirs naturels et rend la psyché influençable par suite de la confusion qui s'installe au plus profond de l'être. Ceci remet en question l'équilibre intérieur de chaque citoyen. L'incapacité de choisir librement les expériences cause une distorsion de la structure énergétique, entraînant un malaise intuitif et un besoin de changer cette sensation. Ceux qui pourraient changer l'expérience planétaire s'engagent alors dans une série interminable de poursuites insatisfaisantes. Cependant, il y a des formes d'expérience profondément gravées, semblables au phénomène de la mue, qui ne peuvent être déformées. Les forces négatives ont un calendrier d'activités à suivre. Elles ne sont pas au courant de la saison de cette « mue humaine » malgré tout ce qu'elles font pour analyser et décortiquer l'expérience humaine de leur point de vue. Pouvez-vous maintenant réaliser que la pensée pensant d'elle-même a créé des mesures de sécurité intégrées pour prévenir la destruction, si toutefois elle était possible ? Encore une fois, nous retrouvons cet élément unique qui peut compromettre l'équilibre des pouvoirs : le libre arbitre ! Chacun est personnellement responsable de l'utilisation de ce grand cadeau du Créateur. Celui-ci se doute bien que des fragments de Lui-même vont s'amuser à aller jusqu'aux limites de l'extinction, ne serait-ce que par goût du jeu. Mais, comme dans vos films d'action qui illustrent bien ce besoin sous-jacent de jouer avec le feu, le héros évolue avec un synchronisme impeccable tout au long du scénario et s'en tire sans une égratignure ou tout au moins sans rien qui ne puisse être guéri. Parfois, le message des films vous échappe.

Vous en êtes maintenant au point critique du scénario. Il est temps de faire tourner le vent en faveur du héros pour qu'il puisse faire l'expérience de cette tournure inattendue du scénario et qu'il s'échappe de justesse pendant que les méchants paient pour les pots cassés. Espérons qu'il ne s'agira pas d'une de ces aventures de Superman ou d'un agent secret, où ce n'est pas vraiment la fin du méchant, et où il y a un autre épisode à la clé, réunissant les mêmes protagonistes. Vous connaissez ces scénarios. Là encore, le message du film vous a échappé. Avez-vous cette sensation de satisfaction devant ce méchant qui a été vaincu à la fin de ce genre de film ? Non. C'est ça leur message : toujours vous donner l'impression que le diable est immuable, quoi que vous fassiez. Vos expériences en Corée, au Viêt Nam et lors de l'opération Tempête du désert n'étaient-elles pas des répétitions du même film décevant ? Toutes les guerres aboutissent au même résultat ; jusqu'à tout récemment, cela ne faisait simplement pas partie du plan de l'étaler au vu et au su de tous. Votre capacité de réaction et de discernement est continuellement testée. Pour quelle autre raison publierait-on dans vos journaux la liste des articles dont on prive des innocents en Iraq, dans le cadre des sanctions ? Qu'est-ce que des articles personnels destinés à des gens innocents ont à voir dans la prévention de la préparation d'une guerre ? Ces listes ont été publiées à travers le monde. Avez-vous songé à la façon dont sont perçus dans le monde les gens qui soutiennent leur président dégénéré dans le maintien d'une telle politique ? Des films d'un nouveau genre sortent maintenant dans lesquels le peuple américain est tenu responsable. Ces films montrent des accès compréhensibles de vengeance (terrorisme) et l'idée fait son chemin dans l'esprit des gens des autres pays. La diplomatie américaine arrogante envers les droits à l'autodétermination des autres pays détruit l'idéal qu'ils ont de l'Amérique en tant que lumière du monde. Pour eux, les punitions qu'ils lui infligent sont justifiées car leur révolte contre l'injustice qui leur est faite ne peut s'exprimer avec beaucoup d'envergure. Des instigateurs à la solde du pouvoir en place fomentent des troubles qu'ils utilisent comme prétexte pour faire croire à la nécessité d'une intervention pour le bien des citoyens alors que leur but est d'interférer à l'intérieur des frontières des autres pays. Ces situations artificielles ne sont que des coups montés par les groupes subversifs comme la CIA. Les conséquences des interventions américaines sont rarement vraiment connues du public. La culpabilité que vous ressentez d'avoir permis qu'on se serve de vous ne mettra pas un terme à cette charade. Ne perdez donc pas votre temps là-dessus. Prenez la résolution de faire partie de la solution pour remédier à cette erreur de perception.

On a sonné l'appel et l'agitation intérieure intuitive a sérieusement commencé à se débarrasser de cette trompeuse expérience contrôlée, comme un serpent le ferait de sa peau. Pour toute l'humanité, le moment est venu de choisir entre suivre le courant de la Création ou rester prisonnière de la supercherie. L'instruction sous sa forme actuelle n'est pas un avantage. Cette démarche se fera individuellement, à l'intérieur de chacun. Tout le monde jouira de la même opportunité. Soyez en certains ! La pureté des réponses prime sur les diplômes. Ceux qui savent le moins ce qui se passe seront les premiers à entendre. Votre enseignement a été biaisé par des mensonges servant à mettre de l'huile dans l'engrenage de leurs plans. Vous avez été dupés pour les soutenir dans la poursuite de leurs desseins maléfiques qui, jusqu'à présent, ont visé les moins instruits et ceux qui sont incapables de s'opposer au pouvoir que vous avez mis entre les mains de ces oppresseurs en acceptant de croire à leurs mensonges.

Section VI

Étant donné la réalité qui enveloppe la conscience dans votre expérience en 3e dimension, il est très facile de vous laisser leurrer par vos cinq sens et croire qu'il n'y a rien d'autre à attendre de votre séjour sur Terre. L'introduction d'aides visuelles comme les ordinateurs, le cinéma, la télévision et les photographies ne fait que renforcer cet état de choses. Ajoutez à cela les satellites, le téléphone et le télégraphe, plus les événements sportifs et la musique, et tout ceci, offert dès la prime enfance. Sous cet assaut de distractions à vous faire perdre la tête, où trouver le temps ou l'envie de méditer en silence sur quelque chose d'autre qu'une répétition de ces expériences ? Pour que puisse commencer une réflexion sur le pourquoi et le comment de l'expérience, la conscience éveillée essaie de remettre de l'ordre dans toute cette confusion afin d'établir un contact avec la conscience intérieure. Ce phénomène se produit naturellement lorsqu'une moitié de la conscience n'est pas surchargée de stimuli. Le lecteur devrait dès maintenant se rendre à l'évidence que cette situation prévaut dans les zones modernes d'Europe et d'Amérique du Nord. De plus, elle se répand dans les segments les plus aisés de la planète. Une fois qu'on y a été exposé, cette forme de suffocation mentale semble relaxante. Ce n'est pas relaxant, c'est abrutissant ! Les parties de la conscience qui sont contemplatives et créatrices se referment. Plus l'expérience est répétée, plus la dépendance augmente. Au lieu d'apprécier les expériences mentalement stimulantes, ces dernières paraissent absolument agaçantes et vous dérangent. C'est ainsi que vous voyez les joggers avec des appareils branchés dans les oreilles en train d'écouter n'importe quoi d'autre plutôt que de méditer sur leurs propres pensées. D'une manière ou de l'autre, ils restent prisonniers de leur dépendance aux distractions. Si ce ne sont pas les cassettes audio ou la radio, alors ce sont les téléphones cellulaires pour garder contact avec les « amis » et pontifier à son gré.

En lisant ce texte, pouvez-vous laisser de côté votre besoin de distractions pour absorber et contempler les descriptions de cette existence aux pays des merveilles dont vous faites présentement l'expérience ? Où se trouve ce que vous appelez la réalité dans un monde surtout fait d'apparences ? Quand vous considérez sérieusement le flot de valeurs mobilières échangées quotidiennement au moyen de vos ordinateurs, quel pourcentage en constitue vraiment une réalité tangible ? Les fonds transférés d'un compte à un autre sont-ils en fait des liasses de billets ? Toutes ces piles de devises différentes existent-elles vraiment ? Où se trouvent les coffres-forts bancaires pouvant contenir ces trillions de dollars ? Réveillez-vous ! Vous rêvez ! Mais si vous vous réveillez, vous allez devoir faire face à la dure réalité qu'on s'est servi de vous et que c'est trop effrayant à envisager ! Pendant combien de temps pensez-vous que cette bulle de rêve va continuer à grossir avant qu'elle n'éclate en raison de sa propre minceur ou peut-être simplement parce qu'il y en a qui s'amuseront à la crever ? Ne vaudrait-il pas mieux vite vous réveiller et commencer à créer un nouveau dénouement au cauchemar déguisé dont vous faites actuellement l'expérience ? En êtes-vous capables ? Bien sûr. Après tout, c'est votre rêve. La programmation qui vous amène à rêver un certain scénario ne persiste que dans la mesure où vous la tolérez. Il y a ce qu'on appelle le rêve lucide dans lequel vous réalisez que vous rêvez ; alors vous pouvez consciemment vous arrêter, vous observer en train de rêver et changer le scénario du rêve. Si vous êtes poursuivis, créez une cachette sûre, faites tomber votre poursuivant dans un trou ou laissez un train s'interposer entre vous et l'autre et échappez-vous.

Votre attention a été détournée à dessein pour vous plonger dans un état de rêve incontrôlé afin de vous aliéner de votre état conscient (qui est celui dans lequel vous pouvez observer le phénomène du rêve). Cela peut être comparé à un état mental vous permettant de rétablir la connexion qui a été coupée entre les deux parties formant l'ensemble de votre conscience. En vérité, votre conscience intuitive commence déjà à reconnaître la véracité de cette information. Savez-vous que vous avez la capacité intérieure de cultiver cette sensation et de sortir de cet état de permanente distraction contre nature pour connaître un état de conscience totale ? Cette forme d'éveil peut vous permettre d'éviter la peur panique que vous craignez ressentir si vous faites face à la situation. En revanche, votre capacité à vous découvrir en tant que source d'expression créatrice et d'énergie s'en trouvera facilitée. Cela ne libérera pas en vous « l'homme brutal des cavernes » comme vous le pensez peut-être. Au contraire, le développement d'une capacité contemplative à se concentrer sur des solutions viendra remplacer le sentiment que vous aviez, auparavant, d'être aux prises avec une situation sans issue et une force invincible. Cette force vous étouffait dans une réalité brumeuse de plus en plus profonde et dont vous découvrez l'inexistence. Elle peut sembler réelle au niveau de vos cinq sens ; mais vous percevez qu'au-delà de cette réalité sensorielle résident des possibilités qui surpassent ce que vous avez connu jusqu'à présent. C'est ce type de potentiel qui amène les entrepreneurs à connaître le succès dans leurs entreprises et conduit les explorateurs vers les découvertes. Un appel intuitif les incite à quitter le connu pour s'aventurer dans une expérience nouvelle ; il contient une telle vibration de potentialité de succès qu'ils ne peuvent y résister. Vous êtes nombreux à entendre l'appel mais peu d'entre vous choisissent d'y répondre. Cela ne veut pas dire qu'il n'existe pas. Toutes les histoires de réussite confirment son existence.

Il faut espérer que toutes ces choses vous feront réfléchir sans que vous soyez plongés dans votre état hypnotique habituel. Au-delà de ce train-train de vie séducteur, n'y a-t-il pas quelque chose de plus satisfaisant à atteindre ? Bien sûr que oui !

Section VII

« Le tour du monde en 80 jours » est une satire merveilleuse et drôle sur le thème de la compétition entre le bien et le mal. Ne souhaiterions-nous pas que le même scénario, avec ses pièges et ses scènes potentiellement très dangereuses, puisse être aussi léger et drôle quand il se développe dans la réalité d'un individu ? Vous pouvez être assurés que les observateurs de la pièce qui se joue sur la scène de la planète Terre ne rient pas, eux, quand des scènes similaires se jouent dans votre réalité manifestée. En fait, ils observent avec une sagesse détachée puisqu'ils savent que l'histoire finira bien, mais ils s'inquiètent du nombre d'unités de conscience (âmes) qui feront partie du processus de transformation ascendant et de celles qui seront laissées derrière pour être guidées à travers le processus d'une autre opportunité. Les observateurs seront bien soulagés quand ce cap délicat de l'expérience terrestre sera passé. Comment les pièces s'emboîteront-elles au juste ? Cela reste d'un intérêt majeur puisque c'est vous-mêmes qui avez créé votre grande et spectaculaire pièce de théâtre. Le thème en est très original, dans le genre « Les périls de Pauline de la Galaxie ».

Nous avons remarqué que les termes galaxie et univers sont utilisés libéralement chez vous et qu'il vous est difficile de les définir clairement à partir d'une perspective de la 3e dimension. En vérité, ce n'est pas vraiment possible mais nous allons néanmoins tenter de le faire. Galaxie désigne le courant de réalité manifestée (la portion matérielle visible) autour d'un foyer central. Univers désigne l'amalgame d'énergies nécessaires à l'intention concentrée pour étayer cette réalité visible. Il y a des lois universelles qui permettent la création et l'entretien de cette galaxie. Puisque vous faites partie de cette galaxie (que vous appelez la Voie lactée), si vous voulez exister en harmonie en son sein, vous devez vivre en accord avec ces lois. Pour le moment, vous êtes comme des enfants qui jouent à colin-maillard car ces lois vous ont été cachées et vous devez les découvrir par suite d'essais et d'erreurs. Présentement, vous êtes très coincés dans le mode « erreurs ». En a-t-il été décrété que vous les appreniez ainsi ? SÛREMENT PAS ! Le bandeau a été placé sur vos yeux à dessein en vous faisant croire que vous n'aviez pas le droit de l'enlever. Le bandeau, c'est le jeu de la tromperie par lequel le magicien dirige votre regard sur ce qu'il veut que vous voyiez, chose à laquelle il parvient par une série de mouvements dont vous êtes inconscients. Votre attention est fixée sur ce que vous croyez n'être que la seule activité en cours.

Heureusement, ce n'est pas tout le public qui est dupe. Nous vous surveillons et nous nous demandons comment il se fait que vous ne voyiez pas les trucs du magicien. Le fait est que nous nous demandons pourquoi vous en êtes maintenant rendus à un stade où vous ne percevez plus que l'activité sous le feu des projecteurs et que vous ne voyez même plus le magicien ? Vous êtes tellement fascinés que les gestes qu'il fait pour vous distraire ne sont même plus déguisés. Ses collaborateurs travaillent autour de lui sur la scène mais vous n'en voyez aucun. Comment est-ce possible ? En hypnotisant la conscience !

Par bonheur, il y a une autre partie du mental qui réside au-delà de la pensée consciente. Vos psychologues l'appellent le subconscient. Ils l'ont dépeint comme tenant en otage votre perception de la Vie car il est rempli du souvenir pénible des horribles expériences que vous avez subies aux mains de parents abusifs mais bien intentionnés. Résultat : vous en avez peur et vous l'empêchez de participer à votre expérience de Vie. Pourquoi le mot Vie est-il écrit avec une majuscule ? Parce que c'est là le but de votre expérience sur cette planète ! Vous êtes vivants, ce qui veut dire que vous êtes conscients de sentir cette énergie vitale qui passe à travers vous et se projette sur l'écran de votre ego mental observateur. Ah ! L'ego, le démon de votre existence – tout au moins, c'est ce qu'on a voulu vous faire croire. L'individu qui place ses intérêts personnels au premier plan est considéré comme égoïste. Il est mené par le bout du nez par son ego, qui le porte à mal se conduire par rapport aux normes sociales imposées. Son subconscient malfaisant se sert de l'ego pour le contrôler. Il faut remettre la personne à sa place et amener cet ego épouvantable à se conformer sagement. L'homme d'affaires qui réussit le doit à son ego surdimensionné prêt à tout pour arracher le succès des mains des petits si méritants, écraser tout le monde et ainsi de suite... Ai-je besoin d'élaborer plus longuement sur ce tour de passe-passe intellectuel ?

Alors où est la vérité ? Sans ego, il n'y aurait pas de conscience de l'expérience manifestée ! L'ego est votre magnétophone. C'est le témoin de vos désirs, de vos besoins, de vos aspirations et de vos pensées. L'ego reçoit les pensées automatiquement, d'une manière précise, leur permettant ainsi de se manifester en situations et circonstances qui créent votre perception de la vie. Il filtre littéralement vos désirs, vos sensations et vos pensées, et les combine en une expérience manifestée. Ce n'est pas une entité, c'est un mécanisme. Vous avez le contrôle absolu de ce mécanisme si vous pouvez vous charger de vos désirs, vos sensations et vos pensées et les orienter activement vers ce que vous voulez comme expérience. Le fonctionnement de ce système repose sur une loi universelle appelée attraction. Dès qu'une idée est formulée, avec la conviction qu'elle est réalisable, l'ego la retient et complète la démarche avec l'énergie de polarité positive/négative.

Cela se réalise grâce au côté malléable du potentiel d'une idée naissante et à l'intervention de la Loi d'attraction. Puisqu'en ce moment, la manifestation instantanée des idées sur cette planète est très difficile, l'ego incorpore le mécanisme à l'intérieur de votre concept du temps. Quand vous êtes incapables de rester rivetés sur votre désir d'une expérience particulière, bien souvent, vous vous la déniez. Il y a une explication dans votre Bible pour les

« prières lancées aux quatre vents ». Puisque ce que vous appelez Dieu est de nature créatrice, chaque fois que vous vous concentrez sincèrement pour souhaiter une expérience, vous vous mettez en état de « prière permanente » parce que vous êtes à l'intérieur de cette vaste expression créatrice qui provient de la Source même de votre existence. Mais que se passerait-il si vous souhaitiez du mal à quelqu'un ? La loi s'appliquerait ! Mais, il y a des conséquences à ce que vous avez provoqué. Tel que mentionné plus haut, vous utilisez la Loi universelle d'attraction et son fonctionnement implique que toute énergie attire des énergies similaires. Si vous vous servez délibérément de cette loi pour attirer des ennuis à quelqu'un, alors ce que vous créez pour l'autre vous arrivera aussi. Ce sont les deux côtés de la médaille. Une face est présentée à l'émetteur et l'autre au receveur. Si vous essayez sérieusement de comprendre cette loi, alors passez en revue les événements que vous avez vécus jusqu'ici si vous en avez le courage ; vous verrez que la réciprocité a joué bien des fois. Quand vous avez souhaité du bien à quelqu'un, vous avez connu aussi quelque chose de positif, pas exactement de la même manière, mais un événement significatif s'est produit dans votre vie. Pensez aussi aux ennuis. Je crois qu'il y a un passage de la Bible qui vous recommande de « surveiller votre langue car les mots (incluant les pensées) qui sortent ne reviennent pas vides ».

Quand vous utilisez cet enseignement, il vous faut garder le souhait soigneusement à l'intérieur de votre conscience. Si vous commettez une erreur en souhaitant des ennuis à quelqu'un, vous avez le temps de changer d'idée au début de la démarche et de retirer l'objectif de l'intention. Dans ce cas, il n'arrivera rien. Les sentiments profonds, l'émotion, peuvent augmenter le potentiel de manifestation et accélérer le phénomène, que ce soit pour le bien d'un autre ou le vôtre en particulier. L'inverse est vrai également.

Il est temps d'en finir avec la section divertissante de cette partie de la pièce écrite à dessein et de fixer votre attention sur votre véritable raison d'être, qui est de faire partie de l'expérience sur la planète Terre. Vous devez maintenant décider si vous allez reprendre votre pouvoir, retirer le bandeau de votre propre chef ou attendre qu'il vous soit retiré. Le tableau sera d'autant plus désagréable que vous attendrez plus longtemps car vous ne serez absolument pas préparés à voir ce qui vous attend. Il vous reste peu de temps pour prendre votre décision. Vous vivez dans un monde clinquant qui n'est qu'illusion. Derrière sa façade, il en est un autre qui s'amuse à un jeu de pouvoir et qui demande votre coopération totale ainsi que l'abandon volontaire de vos pouvoirs créatifs en vous persuadant que vous ne possédez aucun pouvoir individuel. Exemple : « Mais qu'est-ce qu'une personne peut faire ? » Air connu. Réponse : « Plus que vous ne pouvez imaginer mais encore faut-il que vous réalisiez que vous avez le pouvoir ! »

Section VIII

Comment pouvons-nous affirmer que c'est un jour glorieux alors que tout se détériore autour de vous ? C'est pourtant le cas puisque ces circonstances tirent à leur fin. Le dénouement peut vous réserver quelques surprises. Votre Armageddon arrivera mais pas sous la forme qu'on vous a prédite. Les forces de la Lumière et des ténèbres ne s'affronteront pas dans le cadre d'un conflit armé. Il y aura bien des moments d'affrontements mais ce ne sera pas une bataille rangée dans la 3e dimension. Cela devrait vous rassurer car même les dispositifs qui appartiennent à cette dimension-là ont le pouvoir de détruire la planète.

Si le Créateur est vraiment source d'amour, alors ces méthodes de destruction ne peuvent exister. Ces dernières ne sont possibles que lorsque l'énergie de la polarité négative est utilisée à mauvais escient. Le point central d'harmonie se trouve à l'intérieur des deux foyers d'énergie, le positif et le négatif. Le but de chaque énergie manifestée est d'exister à l'intérieur de ce point harmonieux. Cependant, le fait que l'existence à ce point immobile ne permette absolument aucun mouvement présente un désavantage certain ; l'énergie ne peut donc y être maintenue que pour une période relativement courte. Il en résulte un mouvement constant de balancier vers ce point neutre idéal. Il existe un équilibre permanent entre les parties qui s'éloignent et celles qui se rapprochent de ce point neutre à l'intérieur de toute la galaxie. Vous pouvez le voir dans ce que vous appelez le Zodiaque ou Mazaroth et dans le mouvement des planètes alors qu'elles se déplacent, selon des cycles, autour du point central de la galaxie. Il y a plusieurs cycles plus petits que vous ne pouvez pas observer à l'intérieur de ces mouvements rotatoires. Quand une perturbation se produit à l'intérieur d'un des plus petits cycles, c'est toléré jusqu'à un certain point. Quand on atteint un point où la perturbation commence à affecter les cycles plus grands, on y prête attention pour la rectifier. Cette attention est maintenant fixée sur la planète Terre. Les autres cycles seraient en effet affectés par sa destruction. Il y a très longtemps, une planète fut détruite dans votre système solaire. L'équilibre n'a été maintenu qu'avec beaucoup de difficulté, mais la perte d'une autre planète entraînerait un chaos lourd de conséquences. C'est pour cette raison que votre situation fait maintenant l'objet d'une grande attention.

L'équilibre aurait pu être rétabli depuis longtemps s'il n'y avait pas eu le facteur limitatif du libre arbitre de ses habitants. Ceci met en évidence l'importance qu'il y a d'obtenir, par la tromperie, le consentement des habitants afin d'introduire des engins atomiques à des fins destructives. Des plans sont en marche pour créer un chaos similaire à celui que provoquerait une destruction planétaire. Dans ce jeu de contrôle, les mises sont très élevées. L'objectif ambitieux du plan derrière cette destruction dépasse grandement votre imagination. Il implique la création d'une galaxie/d'un univers à polarité négative. Pour les responsables de cette situation, vous ne comptez même pas. Cet affrontement se passe au niveau du Créateur de cette galaxie/ cet univers. Avons-nous inventé tout cela ? Nous aimerions pouvoir le dire. La clé du succès de leur plan est l'usurpation de la capacité que vous avez de prendre des décisions suivant votre libre arbitre, à savoir : allez-vous oui ou non coopérer ? Ceci vous permettra de comprendre les multiples niveaux de contrôle qui ont été utilisés et pourquoi le contrôle complet de la population (un pareil contrôle étant naturellement impossible) a été l'objectif caché de la manipulation derrière l'imposture dont vous êtes l'objet. En effet, il y a plusieurs niveaux de contrôle du peuple sur votre planète. Ceux qui planifient ce scénario et qui se croient en contrôle, sont tout aussi contrôlés que les programmes qu'ils préparent à votre intention. Pendant que tout cela se joue, certains éléments qui manufacturent cette situation vont connaître une bien plus grande surprise que l'ensemble de votre population. Elle sera encore plus étonnante que celle escomptée dans leur plan.

Dans l'ensemble, ce qu'il faut retenir, c'est que tout ce qui existe, et cela veut dire TOUT, n'existe qu'en raison de la potentialité sous-jacente de la Création manifestée. Si nous remontons à rebours les couches d'énergie qui se figent en réalités manifestées, nous voyons que les composants deviennent de plus en plus fins en terme de qualité vibratoire jusqu'à ce qu'ils dépassent ce que la Cabale appelle Ain Soph ou pure potentialité. Il faudrait retourner à ce point d'origine pour arriver à forcer une galaxie entière à changer sa polarité. Inutile de dire que c'est une explication extrêmement simpliste mais elle devrait vous permettre de réaliser l'audace de cette idée et de ses chances relatives de succès. Cependant, le projet ambitieux d'aller à l'encontre de la Création existante pour tenter d'atteindre cet objectif contient en soi le risque d'un pattern de chaos inhérent peu négligeable.

Votre responsabilité devrait maintenant vous sauter aux yeux à mesure que vous prenez conscience du fait que rien de tout cela n'a pu survenir sans que vous y consentiez sciemment. Une lourde responsabilité vous attend au tournant à moins que vous ne vous réveilliez et ne changiez de voie. Je vous accorde qu'on vous a enfermés dans une existence de zombie, mais c'est ce que vous avez choisi, par le biais de votre manque de responsabilité personnelle à l'égard d'autrui comme de vous-mêmes. À la fin de ce séjour dans l'expérience de la Vie, c'est vous qui jugez vos propres actions ; vous faites face et revoyez votre vie à la lumière d'une compréhension totale. Personne ne vous juge. Vous devenez conscients de ce qui aurait pu être si votre expérience avait été vécue en offrant l'Amour qui vous a créés plutôt qu'à poursuivre des distractions qui ne vous ont apporté aucune satisfaction réelle.

Maintenant, qu'allez-vous faire à ce point charnière de votre histoire ? En voyant ce tableau que vous avez peine à reconnaître comme étant même une possibilité, que pouvez-vous faire ? Premièrement, vous devez méditer sur cette réalisation et arriver à y faire face en votre âme et conscience. Vous devez la considérer comme une possibilité réelle. Ensuite, vous devez reconnaître votre complicité involontaire dans le traitement de vos semblables sur cette planète. Vous devez vous repentir d'être restés dans l'ignorance, vu votre refus de vous rendre à l'évidence, car le magicien vous a ouvertement révélé l'existence de ces situations. Votre consentement a été exploité par de vrais conspirateurs, ayant un très vaste plan à mettre en œuvre. Vous ne pouvez pas vous attarder dans un processus destructif de culpabilité. Vous devez reprendre votre responsabilité personnelle pour renverser la situation. Vu qu'il n'existe pas de point précis où commencer à résister à cet assaut, vous devez sortir de votre rôle de victime et surtout ne pas devenir un martyr. Vous devez faire vœu de vous engager à faire partie de la solution et commencer à reconnaître la vérité, en dépit de la constante pression d'empiétement mensonger à l'intérieur de votre conscience. Vous devez tenir fermement votre résolution de passer par toutes ces étapes pour arriver à une nouvelle compréhension plus profonde. Quand ce sera devenu votre plus grande Vérité personnelle, alors des possibilités s'offriront à vous de faire partie d'un mouvement différent, employant des méthodes qui ne constitueront pas une résistance physique mais qui utiliseront une approche entièrement nouvelle. Il n'y a pas d'autres moyens car la résistance affichée à un niveau physique serait immédiatement brisée. La constitution (qui garantit la liberté des individus aux États-Unis) n'est plus une protection efficace et elle sera dissoute. Mais cela ne fait rien. Lorsqu'une personne ayant assumé sa responsabilité personnelle accepte le défi sans fléchir sous la peur, les autres aussi se joignent en partageant la même perception des choses et la même conscience. Cette conscience collective grandissante fournira l'élément crucial qui mettra fin à cette situation. La décision prise au plus profond de la conscience personnelle de faire partie de la solution est la clé pour mettre un terme à l'emprisonnement de l'humanité et apporter la vraie liberté aux habitants de cette planète. Beaucoup sont appelés, mais peu choisissent de répondre. Quelle position allez-vous prendre en ce moment crucial ? Vous devez vous poser la question et y répondre vous-mêmes !

Il est difficile de répondre avec tact mais tout de même adéquatement à la question : « QUI est l'énergie derrière les MESSAGES ? » La « Source » est le point focal que chaque conscience individuelle doit rechercher. Tout le monde progresse en développant son identité personnelle de même que son aptitude à permettre au courant de la « Source » de passer dans l'expérience. Chacun attirera à sa conscience les connaissances nécessaires pour vivre avec sagesse. Le taux vibratoire des Terriens et de l'environnement planétaire est tellement bas que cette capacité est virtuellement inaccessible en ce moment. Les membres consentants de l'humanité ont besoin d'aide pour accéder à l'information nécessaire. Afin d'offrir une façon de transcender l'état aberrant actuel, divers points de conscience, vivant à des fréquences vibratoires plus hautes, ont volontairement servi de stations d'amplification pour permettre la transmission de l'information à l'aide de ceux qui, au niveau terrestre, voulaient participer. Pour satisfaire à la coutume des Terriens de « personnifier pour mieux identifier », des noms allant de l'exotique au ridicule ont été donnés comme sources de l'information. Cette information comportait des exercices de discernement et la plupart des participants ont échoué aux examens. On y trouvait beaucoup de vérité profonde mais une bonne partie perdit de son énergie en raison de la parade continue de victimes qui voulaient qu'on résolve leurs problèmes pour elles. L'information fut faussée à mesure que les sources se retirèrent. Les volontaires improvisèrent à leur manière et firent semblant car leur sincérité s'était perdue dans la convoitise et la célébrité qui résultaient du rôle qu'ils avaient joué.

Depuis cette expérience, toutes les parties concernées ont convenu qu'aucun des participants impliqués dans le processus de dictée/transcription/traduction de ces messages ne recevra de compensation monétaire pour ses efforts et que l'identité de ceux qui retransmettent l'information ne sera pas révélée. De plus, aucune information personnelle pouvant bénéficier qui que ce soit ne sera divulguée. Toutes les énergies impliquées le sont pour le bien de la planète et de ses habitants, un point, c'est tout ! Il faut que la vérité des messages soit reconnue. Cette vérité doit d'abord être utilisée pour le bénéfice de la planète et de ses habitants. Ces derniers doivent à leur tour la recueillir et l'appliquer personnellement en tant que membres de l'ensemble auquel elle se rapporte. Tout ceci doit se dérouler sans qu'il y ait besoin de faire référence à des noms de personne pour valider la vérité. Si cela n'est pas compris, alors vous devez relire les messages jusqu'à ce que l'intégration de l'information offerte permette la transcendance de votre besoin d'identifier et votre engagement envers l'intention holographique qui a offert les messages.

Il faut espérer que ce message concis recevra le degré élevé d'importance qui lui a été conféré. La fenêtre d'opportunité qui s'ouvre pour accomplir l'énorme transition de conscience nécessaire est bien petite comparée à la taille des obstacles que constituent, pour les humains, leurs vieilles croyances. Ces dernières doivent être littéralement désagrégées afin que l'ensemble puisse être transformé.

Il faut sincèrement espérer que la vérité présentée ici sera comme l'épée qui transperce les armures de la tromperie et ouvre l'esprit et le cœur d'un nombre suffisamment grand d'entre vous pour assurer la réussite.

Chapitre 1

Le moment est venu pour les Terriens de se préparer sérieusement aux changements annoncés. Vous avez du mal à vous y retrouver au milieu de ces trop nombreuses prophéties qui vous ont été offertes. De ce fait, vous n'avez rien entrepris pour la plupart. Comment peut-on parer à tant d'éventualités différentes ? Il est primordial de commencer par l'indispensable. Déterminez vos besoins prioritaires en tenant compte du climat particulier de la région où vous vivez. Dans votre région, à la veille de l'hiver, l'eau, un abri chaud et la nourriture ne sont-ils pas essentiels ? Si le chauffage est un élément critique, prenez-le en considération.

Prenons l'exemple hypothétique d'une catastrophe reliée aux changements terrestres. Imaginons une tempête hivernale particulièrement sérieuse dans votre région. Cette tempête s'accompagne de grands vents, de froid extrême et de grosses chutes de neige poudreuse qui s'amoncelle. Il n'y a plus d'électricité. Même si le gaz naturel est disponible, encore faut-il que vous soyez équipés d'un foyer ou d'une cuisinière au gaz pour pouvoir vous en servir. Sans électricité, vous ne pouvez rien faire cuire sur votre cuisinière électrique. Il n'y a pas d'éclairage électrique non plus. Les rues sont impraticables, les lignes téléphoniques probablement hors de service et vous êtes privés de tout contact. Quel est votre plan d'action ? Avez-vous seulement pensé à une seule de ces éventualités ? Je vous suggère d'avoir au moins un nécessaire d'urgence à la maison ou peut-être dans votre voiture puisque celle-ci est habituellement stationnée non loin d'où vous êtes ; il faudrait aussi un poêle de camping avec combustible, un peu de nourriture déshydratée ou en conserve, un sac de couchage et par dessus tout, de l'eau ! Assurez-vous que le tout soit en bon état ; essayez le matériel pour savoir comment l'utiliser, vérifiez qu'il soit complet. Ayez un plan d'action.

Surveillez les prévisions atmosphériques et sachez que toute tempête potentielle peut être manœuvrée et amplifiée. Il y a des instruments en place et en usage (HAARP) suffisamment sophistiqués pour arriver à ces fins. Nous ne pouvons pas vous protéger contre cette éventualité car nous n'avons pas le droit d'interférer. Bien sûr, cette discussion suggère une seule possibilité parmi tant d'autres. Vous pouvez vous attendre à voir ces événements se produire un peu partout sur la planète. L'équipement est actuellement testé dans le but d'en établir le potentiel. La phase suivante sera d'implémenter une série de protocoles établis qui les aidera à atteindre leurs objectifs. Vérifiez vos provisions alimentaires. Des légumes d'hiver qui se conservent bien sont un sage investissement. Apprenez à les cuisiner car la plupart d'entre vous êtes tombés dans le piège des mets prêts à emporter. L'eau des lacs et des rivières, même si elle est à votre portée, pourrait être gelée. Elle est rarement assez pure pour être potable. Il est sage d'entreposer de l'eau ; mais il faudra prendre certaines précautions pour qu'elle reste pure. Un épurateur d'eau, portable, avec filtres de rechange, est en vente sur le marché. Pensez à joindre une trousse de premiers soins, des vêtements de rechange, etc. Je vous suggère fortement de faire l'inventaire, d'établir un plan d'action et en fait d'assembler une trousse de dépannage pratique et de mettre le tout en place. Une fois cette étape complétée, ajoutez alors sur une base régulière les articles de longue durée. Ensuite, vous serez libres de vous concentrer sur la tâche qui vous attend.

Autrefois, comme exercice de dactylographie, on tapait : « C'est le moment pour tous les hommes de bonne volonté de venir en aide à leur pays. » Il me semble que c'est plus que jamais le moment de le faire. Mais avant de venir en aide au pays, un individu doit s'assurer de son propre bien-être afin qu'en temps de crise, son attention puisse se porter vers ceux qui ont besoin d'aide plutôt que de se précipiter pour combler ses propres besoins.

En terminant notre première session, je voudrais vous rappeler que les jours de plus grand chaos se rapprochent de plus en plus vite. Continuons ces sessions pour que s'accroisse notre clarté et pour que nos messages deviennent vraiment un phare qui brille dans les ténèbres des jours à venir. Quelquefois, il est nécessaire que la noirceur tombe pour que les gens s'éveillent à la lumière qui n'avait jamais cessé de briller. Ainsi, le rassemblement de la vraie famille des porteurs de lumière servira à vaincre ceux dont les actions recèlent de sombres desseins. Souvenez-vous toujours que les conjonctures s'alignent pour mener à terme les plans de Dieu prévus de longue date car ils ne peuvent être contrecarrés. La durée des événements et leur complexité peuvent augmenter si la foi et l'engagement de ceux qui se portent volontaires au cœur de l'action faiblissent. Tous ceux qui sont en place ont la capacité de remplir leur mission. Quelques-uns trébucheront et peut-être même échoueront. Bien sûr, c'est une possibilité. Mais des agents de réserve sont en place et les choses progresseront selon l'ordre divin. Si vous croyez qu'il existe un plan d'ensemble plus élaboré, plus complexe, et qu'il réussira, alors votre foi et votre propre courage risquent moins de chanceler. FAITES CONFIANCE AU PLAN D'ENSEMBLE ET N'ACCORDEZ AUCUNE ATTENTION AUX DÉTAILS QUOTIDIENS. CETTE CONNAISSANCE SERA LE ROC SUR LEQUEL VOUS APPUYER, LA PIERRE DE TOUCHE DE VOTRE FOI.

Chapitre 2

Faisons de ce jour qui commence un jour nouveau. Les habitants de votre planète sombrent de plus en plus dans la répression et la dépression. Autour d'eux, on ne rapporte plus que de mauvaises nouvelles et, en l'absence d'une vision provenant de leur connexion avec la Lumière, il leur semble que tout s'estompe dans les ténèbres. Se concentrer sur les méfaits des démons ne résout rien. Pour que la Lumière triomphe des ténèbres, il faut qu'il y ait une vision de la Lumière qui se traduise en réalité tangible. Prenons comme exemple la création des États-Unis d'Amérique. Sans nous attarder sur tous les détails, nous pouvons étudier le processus tel qu'il fut rapporté. Des individus se sont réunis pour présenter une vision des choses qui soit différente de celle qu'avaient connue jusqu'alors les habitants de la planète. La vision ne vint pas d'une seule personne ; elle naquit plutôt d'une mosaïque d'inspirations venant des participants qui, ensemble, lui ont donné sa cohérence finale.

Il faut maintenant répéter ce processus. Certains croient qu'il faudrait retourner à la vie d'antan. Disons que cela ne résoudrait en rien les questions qui nous préoccupent. Du temps des pères fondateurs, il n'y avait pas de communication instantanée, ni d'Internet, de méthodes de surveillance sophistiquées ou d'engins pour aller aussi bien sur, que sous les mers. Les fondateurs n'avaient pas à se soucier du danger que représentent les armes de destruction massive. Mais voilà ! Vous avez permis leur création. Alors, même si vous préféreriez revenir à une époque plus simple de votre histoire, vous devrez les apprivoiser sinon elles vous détruiront. C'est aussi simple que cela, car tant et aussi longtemps que vous choisirez de simplement résister et de survivre aux assauts des oppresseurs, vous vous enfoncerez plus profondément dans le gouffre. Seule une nouvelle vision vous permettra d'en sortir. Nous ne pouvons pas vous fournir cette vision. Le livre des lois spirituelles offre quelques lignes directrices. Toutefois, pour être puissante, la vision doit être simple. Elle doit être belle dans sa simplicité pour que ceux qui sont actuellement enveloppés de ténèbres puissent littéralement être saisis par sa beauté et attirés par sa clarté et sa pureté.

Comment développer cette vision ? Un petit groupe isolé ne peut y parvenir. Tout d'abord, un noyau de participants doit se former ; ensuite, alors qu'ils entament la démarche, d'autres visionnaires seront intéressés ou plutôt littéralement envoyés. Le moment de démarrer ce projet n'est pas plus tard, à votre convenance, mais dès maintenant. Il n'y a pas un moment à perdre pour mener la tâche à bien. Tarder ne fera que rendre les choses plus difficiles et ceux qui sont déjà opprimés souffriront davantage. Si rien n'est mis en marche, cette fenêtre de possibilités se refermera littéralement d'ici quelques semaines. Je sais que vous êtes occupés à essayer de comprendre les détails du chaos ; mais en quoi cela a-t-il servi à l'arrêter ? Avez-vous vraiment remarqué quoi que ce soit qui annonce un ralentissement dans la vitesse du déclin ? Vous devez donc changer votre vision des choses. Regardez dans la direction opposée. En tant qu'observateurs, faites-vous partie intégrante du problème ou pouvez-vous devenir une partie de la solution, en recherchant les éléments constructeurs pour bâtir le nouvel avenir que vous voulez connaître ?

Commencez à demander au cours de vos méditations quelles sont les personnes qui pourraient être utiles à ce projet. Il ne s'agit pas d'une démarche ésotérique pour des individus qui cherchent à parler pour la forme ou qui ne veulent pas s'impliquer et se contentent d'observer. Cette démarche s'adresse aux visionnaires réalistes qui risquent de ne pas réaliser, avant le dernier moment, l'importance du travail qu'ils font maintenant. Ces gens seront capables de voir au-delà du chaos et de reconnaître l'opportunité offerte. Je suppose que vous pourriez dire que ces gens ont un pied dans les deux mondes et qu'ils peuvent les observer tous deux en même temps sans perdre l'équilibre. Dès que vous rechercherez ces individus, ils entreront dans votre vie d'une manière par trop inattendue pour être accidentelle. Formez des groupes de 3, de 7 et de 12. Pour l'instant, c'est l'étape la plus importante. Sachez que toute l'aide nécessaire sera fournie sur demande. Beaucoup d'idées vous passeront par la tête mais celles qui sont valables s'implanteront et le rêve deviendra réalité. Toutefois, ce rêve doit d'abord être conçu avant de naître. Vous n'avez à assumer l'entière responsabilité d'aucune phase, il vous suffit seulement de promouvoir l'idée initiale.

La situation est désespérée et les plans de Dieu reposent sur la constance des volontaires. La réalisation de la nécessité d'une mutation est bien établie chez beaucoup ; la vision doit être semée dès maintenant pour qu'elle puisse germer et arriver à maturité. Que vos jours soient bénis par l'Amour qui est vôtre, car vous êtes Amour manifesté. C'est votre privilège et votre devoir de le focaliser pour que Dieu puisse s'avancer en Liberté et en Vérité dans l'expérience de ses enfants bien aimés.

Chapitre 3

Nous espérons que le procédé qui vient de débuter réunira les éléments d'un noyau qui soient suffisamment compatibles pour former une cellule cohérente. Cette dernière permettrait un développement semblable au processus de la division cellulaire dans le corps humain. La prolifération serait plutôt extraordinaire avec un tel mécanisme. Rappelez-vous que la formation d'un bébé commence par la combinaison de deux cellules seulement ; neuf mois plus tard, un être composé de billions de cellules vient au monde. C'est très réalisable grâce à la Loi universelle d'attraction. Bien sûr, la combinaison de départ détermine la nature du bébé. Les caractéristiques des premières cellules auront un effet profond sur le résultat final. Ne vous inquiétez pas. Ceux qui ne devraient pas être inclus dans le projet ne le seront pas ; mais il y a beaucoup de personnes qui soient adéquates. Détendez-vous et laissez les choses se dérouler, ce qui ne veut pas dire que cette phase-ci soit déjà achevée. En fait, elle ne fait que commencer. Accepter l'idée d'une telle éventualité ne constitue pas en soi un engagement. Votre participation est vitale dans la phase de conception. Les personnes d'importance sont les êtres au cœur réceptif, désireux de lancer ce projet. La personnalité, l'ouverture d'esprit pour repousser les limites du moment, la capacité de prendre un engagement et de s'y tenir, l'amour du prochain au-delà de soi-même, la volonté de s'élever au-dessus des arbres pour voir la forêt, sont les qualités requises de ces « parents ». L'éveil des personnes au sein de la « famille des humains » est de nouveau rendu possible grâce à ce processus. La capacité de l'être humain à transcender le dilemme actuel – dont il est l'auteur – pour créer un nouveau concept de vie, transformera non seulement l'individu mais aussi tous les membres du cosmos/de l'univers qui ressentiront l'effet du changement alors qu'il se propagera en mouvement ondulatoire. Je sais que la mission semble plutôt colossale pour la confier à deux cellules de départ, mais chaque nouvel enfant est lui aussi un miracle. Ses débuts ne sont guère prometteurs. Juste une masse de cellules qui se divisent sans organisation apparente ; mais à un certain moment qui semble miraculeux, le bébé miniature apparaît. L'inspiration entraînera un changement de conscience chez les membres du groupe concentrés sur le projet.

L'objectif du projet est que chaque nouvelle cellule continue de se diviser. Comment cela va-t-il actuellement fonctionner ? La première personne en rencontre deux. Puis, ces deux personnes en recrutent chacune une ; ces deux nouvelles additions recrutent, elles aussi, une personne chacune. Nous avons alors sept personnes ($3 + 2 = 5, + 2 = 7$). Ensuite, ce groupe se rencontre. Puis, les quatre personnes additionnelles quittent le groupe et chacune part créer sa propre cellule de sept. À ce stade-là, le groupe initial de trois peut recommencer un nouveau cycle ou quitter le noyau. Plus le processus est répété par chacun, plus le cycle de croissance s'accélère. Pouvez-vous voir comment l'organisation première peut croître rapidement sans risque pour les participants ou le projet ? Pour le moment, c'est seulement le rêve qui est promulgué. Puis, au point critique de l'expansion de la conscience collective, le bébé prend forme. À ce moment-là, le plan se modifie et les organes, pour ainsi dire, commencent à se structurer pour assurer les différentes fonctions nécessaires à la création du rêve. Puisque l'objectif repose sur la création d'une nouvelle expérience, les armes ne font pas partie du tableau, ce qui réduit les risques éventuels. L'accent n'est pas mis sur la résistance, mais plutôt sur une progression pour amener une transformation. Cette dernière ne sera pas détectée par les systèmes de surveillance actuels des oppresseurs.

Je vous laisse maintenant réfléchir à ce qui vous a été dit jusqu'ici.

Chapitre 4

L'appréciation de ce cadeau merveilleux qu'est la vie est limitée quand la peur gît au fond des cœurs. Cette dernière renforce aussi la croyance en la séparation et engourdit et étouffe ceux qu'elle habite. La peur inhibe la capacité des êtres à percevoir les changements qui se produisent autour d'eux. C'est comme si un linceul enrobait leur conscience. Copiant ce modèle, la force des ténèbres enveloppe vos compatriotes dans ses plans insidieux d'anéantissement et d'assujettissement.

La Lumière passe maintenant à l'action avec élan en vue de mettre un terme à la situation actuelle. Comme pour toute chose, elle utilise la pensée et le désir dans son processus ; ici, il s'agit de clore le chapitre en cours. Dans ce cas-ci, l'activité modeste et subtile du départ passera inaperçue. Les forces d'opposition sèment partout les graines de leur prétendue invincibilité. Si elle était réelle, ils n'auraient pas besoin d'engager leur campagne psychologique. Souvenez-vous que l'humanité compte maintenant des milliards d'individus. Ce nombre est écrasant en soi. Ces âmes se sont portées volontaires pour faire bénéficier la planète de leur présence et elles se sont incarnées ici pour expérimenter le prochain éveil de conscience ou tout au moins en assurer le succès. Elles ne resteront pas sans récompense.

Souvenez-vous que ceci est une simple pièce de théâtre. Il suffit simplement de changer les répliques pour en changer la portée. Vous êtes un fragment de l'ensemble de la Création ; à ce titre, vous pouvez commencer à changer les répliques de la pièce. S'agit-il d'une trop grande simplification de la situation ? De votre point de vue, oui, mais en fait, c'est aussi simple que cela. Ce projet implique la formation d'une collectivité capable de modifier le texte ou d'introduire un nouveau personnage, au gré de vos aspirations. Souvenez-vous que la visualisation demande une certaine imagerie. Lors de vos contacts avec les personnes susceptibles de devenir les parents clé d'une telle entité, employez des mots qui touchent leurs émotions et stimulent leur imagination. Retenez des discours politiques ce qui fait leur succès ; ils font appel à l'émotion avant la logique. Vous pouvez vous servir des mêmes techniques que l'opposition utilise. L'approche logique demande beaucoup d'éloquence ; mais ce qui fait appel à l'imagerie et aux émotions incite à l'action. Ce que nous voulons ici, c'est de l'action, pas de la réaction. Le recours aux armes pour déjouer le complot visant à écraser l'humanité est voué à l'échec dès le départ. Aux États-Unis et dans certains autres pays, le fait que les citoyens puissent encore posséder une arme signifie malgré tout qu'ils n'ont pas encore perdu leur liberté. Lorsqu'ils perdront le droit du port d'arme, alors vous verrez vos gens accablés par la réalisation de la gravité de ce qui les entoure. Donc, nous insistons encore sur l'importance du moment. Sans trop nous attarder sur la question, nous vous suggérons, pendant que vous le pouvez encore, de tirer parti des conditions qui jouent en notre faveur. Elles offrent les meilleures chances de succès avec un minimum de souffrance pour la majorité.

Quant à se désoler pour ceux qui souffrent, je peux vous assurer que le nombre croissant d'âmes s'incarnant sur cette planète complique bien leurs plans. (Notez que j'évite d'utiliser certains noms – et vous feriez bien d'en faire autant car, après tout, on peut supposer que l'identité de ces forces vous est connue.) Avant de s'incarner, ces âmes ont bien compris leur rôle. Bien sûr, elles ne s'en souviennent pas pour l'instant mais elles sont là pour assurer le succès de notre mission. Cela vous confirme-t-il l'importance que tient la planète Terre dans les projets de l'univers ? Je le crois bien.

Il est fort probable que personne n'offrira d'idée maîtresse qui plaise à tous au cours des réunions initiales des petits groupes. Alors, voici une suggestion pour vous aider : « Demandez et vous recevrez. » Lorsque le niveau de participation aura atteint son seuil critique, une synthèse se dégagera dont le contenu plaira à tous. Cette diversité évitera d'attirer l'attention de l'opposition sur la démarche en cours. Ne vous préoccupez pas de cet aspect ; vous êtes bien encadrés.

Visualisez l'effet domino. Quand une pièce tombe, toutes les autres suivent en cascade. Ceci illustre bien notre propos et vous fournit un indice sur les tactiques utilisées par l'adversaire.

Chapitre 5

La participation de la majorité est bloquée par sa résistance à reconnaître la situation et une résistance encore plus grande à accepter la responsabilité qu'elle doit assumer pour amener les changements. Ces circonstances s'ajoutent à un sentiment d'impuissance que l'on retrouve parmi la majorité des gens et qui les empêche d'agir. La volonté de prendre la responsabilité de sa conduite personnelle et de changer sa façon de penser est enfouie sous les horaires chargés et frénétiques de la vie quotidienne. Les individus cherchent le réconfort dans des excuses pour ne pas réagir aux signes grandissants de l'oppression en marche. Notre but est de briser ce mur de résistance et d'attirer autant de personnes que possible souscrivant à cette nouvelle conception de la Vie. Ceux du côté des ténèbres ont décidé d'écraser tous les humains qui entendent leur résister et leurs plans d'action sont établis en fonction de cette éventualité. Cependant, ils n'ont rien prévu pour parer à l'apparition d'une nouvelle vision. Ceci crée une ouverture ; en fait, l'ouverture idéale.

Notre plan n'est pas de réparer le vieux mais de créer du nouveau. Il y aura toujours répétition de certaines pensées ancrées dans les habitudes, mais espérons-le, pas à nous en donner la nausée. La faculté de parler – et même de penser – discrètement lorsqu'on se réfère à ceux dont les plans sont contraires à la volonté de la Création facilitera le passage de ce style de langage dans l'usage courant. Plus les façons de présenter notre sujet sont variées, mieux cela vaut. Il est facile pour les individus bien déterminés « d'aller droit au but » mais à la longue, cette approche s'avérera improductive.

Il serait peut-être utile de signaler que la progression linéaire du projet en cours ne sera pas toujours évidente. « L'ordre du jour » est l'ordre divin et l'ordre divin ne repose pas sur le concept humain de la chronologie. Pour donner un « ordre séquentiel » à votre expérience, vous avez tacitement établi certaines règles subconscientes. Les forces de Dieu n'ont pas à suivre un ordre précis pour être organisées. Par conséquent, une fois que la démarche initiée atteindra son seuil critique, il est important de faire confiance au processus pour qu'il se complète de lui-même, sans recourir au contrôle de l'ego qui vous est si habituel. Ceci est primordial ; sinon, vous allez saboter votre propre rêve.

Du début jusqu'à la fin de notre effort coopératif, nous ne devons à aucun moment perdre de vue le résultat final de l'objectif à atteindre. Le développement de cette mosaïque de rêves qui, éventuellement, définira le monde utopique dont chacun aimerait vraiment faire l'expérience, permettra la réalisation de l'objectif. Ce phénomène est à l'opposé de la résistance qu'ils anticipent. Combien de temps chacun d'entre vous passe-t-il à ce genre de « rêverie » ? Au sein du groupe dont nous dépendons pour initier la démarche, des rêves basés sur la survie sont trop souvent la norme. Je vous accorde que sacrifier le luxe d'une vie facile pour se libérer de l'oppression n'est pas attrayant ; on déduit automatiquement que ce sera le prix à payer pour un tel changement. Mais non, des sources d'énergie facilement compatibles avec la Terre font partie du rêve. Un nouveau paradigme d'expériences serait-il sans conforts ? Des conforts différents, probablement, mais je doute fort qu'il y ait parmi vous des gens qui regretteront la situation actuelle. Une fois encore, le préjugé « résiste ou régresse » doit être abandonné. Vous devez tenir pour acquis ce que vous souhaitez voir se réaliser pour améliorer votre expérience. Vous devrez aussi envisager la possibilité qu'il sera nécessaire d'endurer une courte période désagréable afin que le changement puisse se produire ; cependant, elle peut être plus courte que vous ne l'imaginez.

À la fin du projet charnière, notre aide ne sera pas seulement permise, elle sera requise. Le commencement des discussions pour le lancement d'idées expérimentales entraînera, dès le début, une modification dans les attentes du groupe en expansion continuelle. Imaginez une pierre lancée dans un étang. Les ondes produites se propagent sur la surface et couvrent une étendue de plus en plus vaste. Nous appelons cela le point critique. Vous l'appelez « la théorie du 100e singe ». Pensez au groupe opposé qui cherche à faire voyager les ondes de l'extérieur vers le centre. N'oubliez pas que ce qu'ils créent n'est pas en accord avec les lois de Dieu. Leur effort porte sur la convergence vers le centre alors que le vôtre porte sur la propagation d'ondes en direction du large. Maintenant, quel système selon vous fonctionne le mieux ? Que se passe-t-il au croisement des ondulations ? Si vous utilisez le même plan d'eau, quelles ondulations vont l'emporter sur les autres, surtout si la pierre qui est lancée grossit de plus en plus et semble être au ralenti ? Souvenez-vous qu'il existe déjà des effets vibratoires et que d'autres surviendront que vous ne pouvez pas observer. Lorsque le mécanisme de la pensée se concentre sur le rêve, ce dernier s'en trouve intensifié davantage à chaque fois. À mesure qu'il s'intensifie, il devient de plus en plus magnétique et l'attraction grandit. Vous ne surprendrez aucun des contacts. Ils vous diront très probablement qu'ils y pensaient déjà mais qu'ils n'avaient simplement pas fait l'effort de poursuivre l'idée jusqu'au bout. La démarche deviendra invitante et excitante lorsque vous commencerez à rêver sur la façon de mettre à votre service les mécanismes mis en place par l'opposition. Êtes-vous intrigués par cette idée ? Plutôt que de résister et de détruire, il se pourrait que vous puissiez vous servir d'une partie de ce qu'ils ont mis en place pour votre propre cause. Vous avez des facultés de concentration vous rendant capables de bien des prouesses quand il y a participation collective et que vous pouvez présenter quelques innovations de votre cru. Vous souvenez-vous du tuyau qui émet des vibrations sur les récoltes dans les champs ? (Note du réviseur : référence au « tuyau cosmique » dont Tompkins et Bird font mention dans leur livre Secrets Of the Soil.) Ne vous êtes-vous jamais demandé ce qu'il peut faire d'autre ? Vous pourriez être surpris. Contre l'assaut de leurs vibrations, même le son intégré aux cassettes audio de la musique de Dan Carlson pour la croissance des plantes peut être bénéfique. Ce ne sont là que quelques idées pour vous faire prendre conscience des ressources dont vous disposez.

Chapitre 6

Au fur et à mesure que s'ajoutent de nouvelles couches d'activité intentionnelle, un changement apparaît dans ce que l'on appellerait la profondeur de champ de la fenêtre. À l'intérieur de cette dernière, la lumière commence à modifier son point de convergence ; sa concentration s'intensifie dans la zone visée. Maintenant, ceci peut être avantageux car le but à atteindre peut ainsi devenir plus précis. Le fait que le voile de ténèbres semble s'épaissir peut présenter certains avantages. Les masses perçoivent mieux que vous ne le pensez le resserrement du nœud coulant. L'intuition personnelle est stimulée. L'autre côté se rend bien compte que l'éveil de la masse atteint un point critique. Souvenez-vous qu'il y a un chaînon faible dans leur plan. Ils vont exiger que l'armée de réserve se retourne contre le peuple, en fait contre leurs propres familles et leurs amis. Ce point tournant provoquera des réactions qu'ils ne peuvent prédire. Nous pouvons tirer parti de cette faille dans leur plan. Vous la considérez mineure mais elle peut être utilisée de façon très avantageuse car quelquefois, la Lumière focalisée n'a besoin que d'un instant.

La résistance ne fait pas partie de notre plan. Celui-ci repose sur la transformation d'une vision en une manifestation, par un effort de pensée collective. Ne croyez-vous pas que les gens se tourneront avec enthousiasme vers une vision qui les enchante, quand l'idée de ce qui a été soigneusement préparé à leur détriment les répugnera suffisamment ? N'oubliez pas que certains choisiront autrement. Il y aura division. Un bon nombre d'individus seront perdus. Soit parce que certains voudront continuer de croire au bourrage de crâne médiatique dirigé contre eux, soit parce qu'ils se seront ralliés à l'autre point de vue. À un certain moment, vous devrez composer avec cette situation, comme devront le faire d'ailleurs tous ceux qui se joignent à ce plan en vue de transcender la décrépitude et de créer une nouvelle opportunité. Tout le monde ne choisira pas de souscrire au plan et vous devez ici reconnaître à chacun le droit au libre choix de l'expérience. Il ne s'agit pas de vous durcir le cœur à leur endroit mais bien d'avoir une attitude de laisser-être. Rappelez-vous que la mort n'existe pas. Il n'y a que la fin d'une expérience et l'éternité n'est pas définissable. Il ne vous appartient pas de juger du mérite des expériences faites par un individu pour l'évolution de son âme. L'âme attire vers elle un agrégat d'expériences qu'elle organise en motifs dépassant l'imagination. La Lumière et les ténèbres, si vous le voulez, font partie du jeu ; c'est la danse de la dualité.

Ne vous laissez jamais décourager car certains vont vous surprendre. C'est à vous qu'il revient, de votre point de vue limité, de garder les yeux fixés sur la vision et de l'observer se déployer dans la création. Cela aussi sera fascinant. Comment le saurez-vous ? Ce sera difficile au commencement. La formation d'un bébé ne semble-t-elle pas au début juste un enchevêtrement de cellules en train de se diviser sans organisation apparente ? Au point déterminant, tout ceci prendra forme miraculeusement. Le défi de prévenir un avortement deviendra à ce moment-là votre second objectif. De toute manière, cette situation aussi sera prise en main. À mesure que vous vous prenez en charge, souvenez-vous de ceci : la Lumière manifestée vous offrira de plus en plus de coopération sous des formes si diverses que ni vous ni moi ne pouvons les imaginer ; peut-être même que nous ne les comprendrons jamais. Votre concentration sur la vision magnétisera le soutien jusqu'à la réussite.

Nous pouvons continuer de vous présenter cette information, mais il peut aussi y avoir des discussions. Vous pouvez poser des questions pourvu qu'elles se rapportent au processus actuel. Les prédictions ne sont pas permises. Il faut se concentrer sur une seule étape à la fois. Le rôle que vous avez à jouer vous sera révélé au jour le jour, à mesure que le plan se déroulera. Il n'y a pas de vision déjà créée à l'exception d'une faible esquisse émergeant sous l'influence des lois universelles. Au moment de compléter ces esquisses, des indications seront fournies aux parents fondateurs en termes très simples. « KISS » sera la devise du jour pour l'ensemble du projet. (Note de la traductrice : dans notre contexte, Keep It Simply Stupid correspondrait à Gardons tout cela très simple.) Comment cela sera-t-il possible quand tant de personnes contribuent à la conception de la vision ? Faites confiance à la démarche. La planète expérimente à un niveau entièrement différent de celui qui existait au moment où les pères fondateurs des États-Unis d'Amérique foulaient ce même sentier. Notez bien cette fois-ci qu'il s'agit de parents fondateurs et c'est en soi un facteur d'élévation du niveau de l'expérience. Hommes et femmes devront être présents et ils produiront une double concentration d'énergie. La dernière fois, les femmes étaient aussi au courant et elles aidèrent dans la mesure où on le leur permettait mais elles ne purent contribuer autrement qu'à titre d'influence extérieure. Cette fois-ci, personne ne devra dominer ; la vision doit dépasser pareil égoïsme et démontrer la synergie entre tous les participants.

À ce stade-ci, vous ne devez pas vous préoccuper de la manifestation de leur plan. Vous en êtes informés, vous l'attendez ; maintenant, ignorez-le. Vous devez vous concentrer sur le moment présent et ce qui doit être fait. Si vos activités présentes vous mettent en danger, peut-être devriez-vous commencer à changer vos plans pour agir différemment. Pas forcément tout de suite, mais bientôt. Ce cycle d'activité de surface tire peut-être à sa fin. Il ne s'agit que d'une suggestion à considérer et vous y avez déjà songé. Nous remettons cela à votre discrétion. Les affaires commerciales seront permises pour toutes activités n'entraînant pas de changements fondamentaux. Les opportunités s'offriront à vous.

Voyager devrait être sans danger pendant encore quelque temps. Si vous manquez un avion ou qu'un vol est annulé, acceptez la situation. Il y a peut-être de bonnes raisons pour lesquelles vous ne deviez pas utiliser ce moyen de transport particulier et cette évidence vous apparaîtra après coup. Quand voyager sera devenu risqué, vous le saurez. Pour l'instant, la concentration de votre intention doit porter sur les activités d'accouchement du processus.

Chapitre 7

Le monde invisible est plus réel que celui perçu actuellement par la conscience collective sur votre planète. Cette déclaration contient une grande vérité et nous travaillons fort pour la concrétiser dans l'expérience. Les démonstrations concrètes de la nature de cet effet causal invisible non seulement stimulent la conscience mais elles favorisent l'utilisation de cette connaissance pour encourager la vision du processus auquel nous donnons naissance tous ensembles. (Comment trouvez-vous ma technique de cerner la question ?) Sortir du domaine du vœu et réaliser qu'il existe bel et bien une manière de contrecarrer leurs méthodes sans les adopter aide grandement. Le travail à faire ne se situe pas au niveau de l'organisation de la résistance dans la 3e dimension mais, comme je l'ai souligné précédemment, il intervient au niveau causal, dans la création même d'un tout autre foyer. Le potentiel réel de succès de cette démarche a déjà été démontré dans certains domaines, ce qui indique qu'elle peut être adoptée et focalisée selon le besoin. Le succès déjà démontré de ces « théories » ajoute à l'inspiration nécessaire pour faire jaillir l'activité créatrice de première instance. Il est recommandé de sauvegarder les « messages » pour ceux qui seraient tentés de se joindre à la démarche de création dans un avenir immédiat. Ces gens feront très vite des liens et, bien sûr, quelques-uns en connaissent déjà le contenu, en entier ou en partie. Une connaissance de base des deux forces en présence est requise. L'information est disponible ; ceux qui sont sélectionnés comme parents du processus doivent l'acquérir. C'est une faiblesse humaine que de supposer que tous partagent le même savoir. Les détails ne sont pas nécessaires mais une vue d'ensemble serait grandement utile, en plus d'un catalogue d'information bien étayée mis à la disposition de ceux qui désirent une connaissance plus approfondie dans les domaines qui ne leur sont pas familiers.

Les procédés mentionnés dans ces « messages » sont bien sûr connus de ceux qui sont engagés dans cette vaste recherche. Ces gens s'efforcent de simplement se faire connaître ; ils ne veulent pas créer une situation qui attirerait l'attention du public. À ce moment-là, leur existence deviendrait une menace pour les pouvoirs qui se croient invincibles. Ces personnes risquent de se retrouver dans une position précaire à mesure que le nœud coulant se resserre. Leur importance ne peut être suffisamment soulignée.

Nous voulons bien nous assurer ici que vous avez absolument compris que vous devez « faire pénétrer » ces réalités vibratoires plus élevées dans l'expérience de cette planète. À mesure que ce « message » libère son contenu, la zone de confort, si elle se sent menacée, peut réagir violemment, non seulement parmi les groupes de l'opposition mais aussi parmi le public en général. L'opposition située aux plus hauts niveaux sait qu'une menace d'effondrement possible pèse sur son opération et que cela viendrait de l'intérieur. La conscience populaire réagit simplement à la manière du « chien de Pavlov » où réfléchir aux possibilités n'est pas une option.

En conséquence, nous avons besoin de faire avancer ce projet très prudemment jusqu'à ce que la masse critique soit atteinte. C'est pourquoi le plan doit être présenté en personne à des individus connus qui prennent alors la responsabilité d'approcher ceux dont ils connaissent la conscience juste et solidaire ainsi que le désir de voir la situation changer. La capacité de s'identifier au changement à apporter à des niveaux qui vont au-delà de l'expérience des cinq sens est de rigueur durant la période d'accouchement. Ce n'est pas le nombre de personnes impliquées à ce stade-ci mais la qualité de la conscience qui importe. La capacité de penser en termes de potentialités, l'ouverture à l'expansion de la conscience, la capacité d'assimiler et de postuler sur le connu et l'inconnu, suggérant de nouvelles synthèses, sont d'importance capitale. En d'autres mots, choisissez soigneusement. Gardez cette étape clairement en tête et la prolifération prendra soin d'elle-même. La clarté des premières combinaisons donnera le ton au procédé tout entier.

Chapitre 8

Il est intéressant de noter que le pouvoir de la pensée nous ait amenés à cette jonction de la conscience. C'est une démarche d'intention focalisée vers un objectif commun. La magie de la manifestation partagée vient de cet assemblage d'intention délibérée. Le monde qui vous entoure en présente l'évidence, que la forme adoptée soit positive ou négative. Alors, le plan est d'élever ce procédé à un niveau supérieur pour enclencher des processus connus afin de pousser plus loin votre exploration du processus de la manifestation. C'est l'intention qui fait surgir le savoir, vous rendant ainsi capables d'accomplir ceci d'un point avantageux de connaissance des éléments essentiels pour mener le projet à terme. Ce mouvement ne peut pas être alimenté par une foi aveugle en un processus inconnu. L'énergie en serait minée jusqu'à la corde, ce qui en assurerait l'échec. Il s'agit simplement de rendre les données disponibles pour permettre la prise de conscience et de laisser mijoter le tout. De la compréhension naîtra l'inspiration pour l'application. La manifestation n'est pas le fruit d'une quelconque combinaison, au petit bonheur, de rencontres synchrones. Des mécanismes spécifiques sont déjà en place et prêts à être utilisés. Il s'agit de les révéler intentionnellement à la conscience ; ensuite, l'imagination créatrice déclenchera les applications requises. La chance comporte simplement trop de risques pour qu'on s'y fie dans ce cas-ci.

Encore une fois, nous insistons sur l'importance du choix judicieux des parents de l'opération initiale. Nous ne voulons pas vous insister outre-mesure sur ce point mais tout cela est terriblement sérieux.

Nous utilisons la très efficace combinaison qui consiste à offrir des massages à votre conscience tout en stimulant votre inquiétude sans faire surgir la panique. Nous trouvons que cet art rapporte bien. En effet, il donne les résultats désirés. Vous n'êtes pas les seuls à être soumis à ce procédé. Sachez seulement que tout ce que nous pouvons faire à notre niveau, nous le faisons. C'est l'activation véritable au point d'inertie qui permettra à cette aide cachée derrière la scène d'apporter sa contribution pour manifester le plan. Souvenez-vous que le processus de la naissance commence par la danse des désirs et culmine en un miracle évident, suivant des procédés qui se déroulent pour la plupart de façon subconsciente. Ces procédés ne sont pas fortuits ; ils se déroulent selon une synthèse exigeante d'interactions multiples et compliquées. Si un événement aussi journalier qu'une naissance fut ainsi originellement planifié, alors ne pensez-vous pas qu'il y en ait un aussi en place pour un événement aussi important que celui qui prend place sur votre planète en ce moment ? Si vous n'avez pas besoin d'être conscients de toutes les fonctions relatives au processus de la naissance d'un enfant pour qu'elles se déroulent jusqu'au bout, alors avez-vous besoin de connaître tous les processus qui se dérouleront au cours de ce projet ? Tout de même, le processus de la formation d'un être humain ne s'enclencherait pas si certaines actions physiques ne s'étaient pas produites pour l'initier.

Alors, nous insistons ici pour que vous compreniez que vous ne guiderez pas le processus en entier vers sa conclusion. Nous ne voulons pas non plus que vous pensiez que vous ne ferez pas partie du projet, une fois ce dernier initié. Bien sûr, vous serez inclus, et de manières que vous ne pouvez imaginer même dans vos fantaisies les plus rocambolesques. Pour l'instant, nous vous encourageons à faire confiance au procédé et à continuer à vous tenir disponibles, car nous avons besoin de chacun de vous. Vous ne vous êtes pas engagés dans une mission à court terme.

Passons maintenant à d'autres sujets, connexes bien sûr. Il importe que vous gardiez l'équilibre dans cet important effort à comprendre l'engagement à la transcendance de la planète et de ses habitants. Sachez que ceci n'est guère un engagement à mener à terme par un seul individu, mais un engagement qu'un nombre incalculable d'êtres qui ne sont pas étrangers au processus ont accepté. Dans ce cas-ci, l'énergie de cette planète particulière a atteint un niveau de lourdeur qui nous met au défi, c'est le moins qu'on puisse dire. Mais enfin, vous devez savoir que vous êtes tous à votre meilleur lorsque placés face à des défis et cette situation n'y fait pas exception. Cependant, il ne s'agit pas d'un jeu cette fois car un échec aurait de sérieuses répercussions au-delà de la simple souffrance des êtres incarnés. Bien sûr, vous le savez au plus profond de vous-mêmes ; alors, nous ne disons pas cela pour vous menacer. Dans ce cas-ci, on nous accorde une plus grande liberté d'action pour vous assister et nous l'étirons à sa limite afin d'initier le démarrage de ce projet. Une sérieuse planification s'est insérée dans la méthodologie et nous avons paré aux éventualités car l'art de l'improvisation ne se limite pas à l'expérience de vie dans la 3e dimension.

On sait que la sincérité est douteuse chez certains considérés comme les chefs de la résistance aux changements projetés. Dans ce cas, ou bien ils se retrouveront impliqués dans d'autres activités ou vous saurez clairement s'il est approprié de les inclure ou non. L'identité de certains d'entre eux peut vous prendre par surprise mais, une fois de plus, vous êtes connectés à un point tel maintenant que vous saurez à ce moment-là quand il devient nécessaire d'être prudents. Vous êtes déjà au courant de tout ce dont nous parlons aujourd'hui. Cependant, il ne nous est pas possible à l'heure actuelle de vous en révéler davantage et ce, pour deux raisons. Les enchaînements requis ne sont pas encore en place et cette ligne de communication n'a pas encore atteint le niveau qui permettrait de les transmettre. Tout ce qu'il nous est possible de faire pour préparer cette dernière phase, nous le faisons afin qu'il y ait coordination entre les éléments. Encore une fois, nous vous demandons d'être patients et de faire confiance au processus même s'il a parfois l'air redondant. Comme vous dites, tenez bon.

Chapitre 9

La situation est la suivante. Le temps est l'élément primordial utilisé pour reconnaître une position dans la 3e dimension. Cependant, le voile entre les dimensions s'amincit. À mesure qu'on découvrira que des procédés de 4e et même de 5e dimension sont disponibles et utilisables dans les domaines de la 3e dimension, ce voile s'amincira encore davantage. Le nouveau rêve doit inclure des éléments de dimensions plus élevées. Comment y arriver ? La pensée se déplace d'une dimension à l'autre en autant qu'elle procède à l'intérieur des paramètres dimensionnels. Les paramètres de la 3e dimension permettent d'interférer dans le développement d'autrui. Ainsi, l'un peut imposer sa volonté à l'autre. Au-dessus de cette dimension-là, chacun est libre de se développer sans interférence. La responsabilité personnelle est la note dominante de l'existence. Contrairement à l'apparent manque de développement de la conscience populaire à ce niveau, le sens de la responsabilité personnelle est présent ; il est simplement étouffé par le barrage de techniques de contrôle mental qu'il subit. Toutefois, ces techniques n'ont pas tout le succès qu'on leur attribue. Si cela était le cas, alors le contrôle physique massif qui est mis en place ne serait pas nécessaire. Si cela était vrai, la question de la surpopulation ne se poserait pas. Des foules de gens les suivraient comme des lemmings pour aller se jeter à la mer. Bien au contraire, nous constatons actuellement que la crue du désir ardent de liberté personnelle dans le cœur des individus crée une véritable marée montante.

L'exode des emplois vers l'étranger a permis aux gens de découvrir qu'ils pouvaient créer pour eux-mêmes de nouvelles opportunités, même si elles sont plutôt nébuleuses puisque la plupart d'entre elles souscrivent au monde improductif des communications. Ce succès dans le cadre d'un échec planifié a suscité l'envie de créer chez plusieurs, et il en résulte la prolifération d'entreprises basées à la maison (travailleur autonome). C'est ce miroitement du succès personnel qui a fournit l'élan, même aux plus opprimés de votre pays, les bénéficiaires de l'aide sociale. Cette flambée n'est pas confinée à votre pays (États-Unis). Elle a toujours été vivante dans les pays de grande pauvreté. Si ce n'était pas le cas, beaucoup plus de gens seraient morts de faim depuis longtemps.

Le rêve et sa simplicité ventileront l'étincelle de cette envie de liberté jusqu'à en faire un brasier. Cette nouvelle conception soulèvera les esprits de ceux qui en entendront parler et le soulèvement sera littéral. La prière intérieure des cœurs qui brûlent de désir recevra sa réponse et leur réaction à cette réponse ne pourra être étouffée. On ne peut atteindre le point d'éveil critique par les méthodes de la 3e dimension ; ceux qui essaient de les appliquer se retrouveront simplement aussi démunis que ne l'étaient les gens face au plan ténébreux. Une fois le point critique d'éveil atteint, le support pour le nouveau paradigme permettra à la planète d'aller de l'avant dans son ensemble. « L'ascension » des rêveurs du nouvel âge se traduit en envols individuels vers les nuages mais celle que nous proposons prendra la forme d'un changement planétaire. Votre Bible mentionne que deux se tiendront debout au champ et qu'un seul sera choisi. C'est la personne qui croit au rêve de tout son cœur qui accompagnera le rêve.

Les parents de ce rêve doivent comprendre qu'il leur faut transcender les paramètres de la 3e dimension et que la pensée doit se concentrer sur les attentes plus élevées d'une nouvelle dimension. La confiance en la responsabilité personnelle des citoyens sera l'élément clé dans l'établissement de cette nouvelle perception. C'est le mot de passe, pour ainsi dire, pour faire partie de cette expérience. L'honnêteté et la droiture vont de soi. La traduction de droiture dans votre 23e psaume vous a induits en erreur car on lui a donné le sens d'attitude rigide, en particulier vis-à-vis des actions d'autrui. Le mot signifiait plutôt que chacun devait être responsable de vivre en accord avec son intention personnelle qui se trouverait reflétée dans ses attitudes et ses actions. On aurait ainsi compris que les jeux d'actions inappropriées ne mènent à rien si personne d'autre ne joue selon les règles qu'on leur impose. Il ne peut y avoir ni victimes ni martyrs si personne ne joue le jeu. Ceci peut paraître naïf considérant le chaos autour de vous, mais c'est cela la différence. C'est le saut qui doit être fait, en présumant qu'un certain nombre d'individus, constituant la masse critique, soient prêts à assumer ce changement de perception. L'élément de profit aux dépens de tous les autres n'a pas mené à l'Utopie. L'homme dans sa vraie perspective est un être radieux, créé pour exprimer l'amour des Créateurs, et non pour vivre en usurpateur mû par sa seule intention de tout attirer à lui, tel que l'expérience matérielle l'a démonté. Cette expérience l'a laissé vide et insatisfait. Voici sa chance d'expérimenter ce qui le satisfera et remplira la coupe de son cœur jusqu'à déborder.

Comment pouvez-vous peindre cette vision avec la couleur de l'émotion qui séduira le cœur de tous ceux qui en entendront parler et les propulsera vers le rêve ? L'intention sera l'ingrédient alchimique et l'amour du Créateur pour ses enfants aplanira le sentier. Cela peut se faire, cela se fera, vous pouvez y compter et centrer votre vie là-dessus. Les vents éthériques du changement se lèvent et ils prennent de la vitesse. Pensez-vous que quelque chose puisse résister au Créateur du jeu ? Impossible. Bienvenue du côté gagnant ! Alors, ce message d'accueil n'est-il pas fantastique ?

Il semble logique de clore ici cet échange de pensées. Ouvrez vos cœurs et sentez l'amour qui vous est offert en réponse à votre confiance et à votre acceptation du croisement de nos routes dans cette merveilleuse aventure des aventures. Comment surpasserons-nous tout ceci ? Ce n'est pas à nous de le savoir, pour le moment.

Chapitre 10

Le film « Le Siège » – version française de The Siege – contenait de terribles messages subliminaux. Juste une remarque : rappelez-vous qu'on y utilisait la constitution (des États-Unis) pour résoudre la difficulté. Cependant, leur intention est d'utiliser les ordres exécutifs plutôt que la constitution car cette dernière requiert la présence d'un juge pour l'appliquer. Quel juge osera s'opposer à l'organisation des ténèbres ? Cette réalisation démoralisera le peuple très vite. Ce film était un autre somnifère dont l'implication est plus grande que vous ne le réalisez. Votre requête de protection (contre les messages subliminaux) et de discernement a eu passablement d'effet et cela vous sera très utile à mesure que la situation progresse. C'est quelque chose que chacun devra faire individuellement et non pas fait par une personne pour tout un groupe. De nouveau, nous revenons à la loi de la responsabilité individuelle.

Vous serez intéressés d'apprendre que la conscience de la planète se transforme. Comparons ceci au mouvement de la respiration. C'est comme si la planète changeait ses intervalles réguliers d'inspiration et d'expiration pour un rythme irrégulier d'inspirations plus profondes comparé à l'expiration, une technique pour accumuler des énergies internes. Nous n'avons pas couvert ce sujet lors de nos discussions. La planète participera elle aussi au plan pour modifier la situation. Souvenez-vous que toute manifestation à tous les niveaux est le résultat de la projection de la pensée dans les éthers malléables (votre terme pour potentiel créateur) et que la capacité de maintenir l'équilibre est inhérente à la pensée en interaction avec elle-même.

Vous pouvez constater que vous commencez à faire l'expérience d'un changement tendant vers une énergie de coopération. Ceci a le potentiel de synchroniser la conscience des habitants pour qu'elle se mélange à celle de la planète et forme un tout. Peut-être ceci vous permettra-t-il de commencer à comprendre pourquoi nous insistons tant sur l'importance pour les cellules de départ d'appartenir à cette conscience qui instillera la vibration de fusion. Il y aura une réanimation des connections émotionnelles latentes reliées à la conscience planétaire, non pas à sa souffrance infligée par l'humanité, dans son égoïsme et son avarice, mais à cette part de désir conscient de changement pour une expérience différente et nouvelle. Souvenez-vous, la Terre n'en est pas à accueillir chez elle une première civilisation et vous ne connaissez pas l'histoire des scénarios précédents. De même que vous expérimentez et que vous apprenez, ainsi en va-t-il de la planète et de son procédé évolutif. Vous êtes à même de percevoir l'énergie qui s'accumule en ce moment derrière la digue. Quand on ouvre partiellement la digue pour laisser l'énergie s'échapper dans une direction qui lui permet de se mélanger en un tout cohésif, le déferlement produit peut emporter l'infection sur son passage et conduire à une guérison de proportion extraordinaire. Tout comme un voyage commence par un premier pas, ainsi commence le renversement de la vapeur par la formation des premières cellules du processus de naissance, ce minuscule trou dans la digue.

Quelle sera exactement l'implication planétaire dans ce processus ? Ce n'est pas encore clair. Cela dépend du mélange d'énergie que l'on retrouve dans la partie du processus qu'assume l'humanité. C'est la clé qui déverrouille le projet en entier. Naturellement, nous avons analysé divers scénarios de combinaisons d'énergies possibles, similaires à vos projections sur ordinateur, et nous avons constaté que chacun propose une combinaison très différente de réactions possibles. Chaque scénario mène à une conclusion finale similaire, non seulement en utilisant différentes combinaisons d'éléments, d'actions et de réactions semblables, mais en utilisant des combinaisons d'éléments, d'actions et de réactions entièrement différentes. Donc, les conclusions définitives ne peuvent être tirées même à partir de cette perspective. N'est-ce pas intéressant ? Nous le pensons. Donc, une fois que les sélections auront été faites et que les premières cellules auront commencé leur travail de création de scénarios de « rêves » réalisables, il ne nous sera toujours pas possible de faire des projections claires jusqu'à ce qu'un scénario de rêve ne devienne franc dans les esprits de ces groupes dans leur ensemble.

Peut-on guider ce processus en se basant sur les tests de nos projections ? Nous aimerions pouvoir le faire mais cela serait une interférence inacceptable. Dans ce cas-ci, la direction devra venir d'une source supérieure à la nôtre. Il ne fait aucun doute que le Très Haut est très intéressé à ce qui se passe ici et cette source sera disponible pour fournir exactement l'aide nécessaire. Ces cellules de réflexion miniatures terriennes pourront jouer avec les possibilités mais la requête pour une aide provenant de la plus haute source jouera sans doute un grand rôle dans l'achèvement du processus. Je peux vous assurer que ce niveau-là connaît l'humanité par cœur et guidera le processus ; mais le mouvement doit d'abord dépasser le désir et passer à la projection active de la pensée en vue de manifester cette nouvelle expérience. Après avoir rêvé aux possibilités de manière créative, vous passez au processus intentionnellement focalisé afin de mettre en place les grandes lignes d'une esquisse. La grande récompense sera de peindre les détails à l'intérieur des lignes avec l'expérience de ce que vous aurez créé. Un plaisir exquis vous attend à cette étape du processus.

Chapitre 11

Nous vous suggérons d'adopter pour ce projet la devise suivante : nous mettons notre confiance en Dieu ! Vous ne pouvez pas vous fier aux croyances manifestées par la conscience populaire. Les graines de la mort destinées à vos semblables ont été bien semées ; à l'heure actuelle, elles germent et croissent rapidement. Il n'y a qu'une façon d'échapper à ce piège : investissez entièrement votre confiance dans le plan proposé pour traverser cette situation et collaborez à son exécution. Il n'y a pas d'échappatoire. Vous devez vous frayer un chemin. La différence n'est pas évidente, elle est subtile mais elle est très importante. En sortir implique la résistance. (Note de la traductrice : Le Robert définit ainsi le mot résistance : action par laquelle on essaie de rendre sans effet une action dirigée contre soi). Traverser implique le mouvement au travers de la situation vers un but plus élevé qui se situe au-delà. Tout comme quelqu'un ne se défile pas devant un col de montagne mais s'y faufile, ainsi devez-vous vous identifier à cette tactique subtilement différente. L'humanité nourrit le fantasme d'un grand chef de file à la conscience élevée qui « mènerait » tout le monde hors de ce dilemme-ci ou de n'importe quel autre. Non. C'est l'inspiration qui en a le pouvoir, celle qui découle de la visualisation d'une manière de vivre qui remplit le vide que les dogmes politiques, scientifiques et religieux du passé et du présent ont créé dans la conscience de chacun. Comprenez bien que c'est le désir individuel de participer, à la suite d'une décision consciente personnelle, qui guidera les pas de chacun au travers de cette expérience, vers ce qui l'attend au-delà de tout ceci.

L'homme est un être aventureux ; il aime le défi. Ce désir d'aventure personnelle a été détourné vers un faux désir de sécurité, une sorte d'assurance de risques limités. Souvenez-vous des affiches publicitaires de la marine (américaine) qui s'adressaient aux jeunes gens, leur offrant l'opportunité de naviguer vers des ports inconnus, pour finalement se retrouver avec des fusils de bois en main, à garder un espace ceinturé d'une clôture métallique, tel que ridiculisé par Bill Cosby (un comique américain). Le combat militaire est présenté comme une activité « d'aventure »; toutefois, la responsabilité personnelle n'en fait pas partie. Chaque activité est planifiée non par l'individu mais par les officiers. Pourtant, les héros militaires sont ceux qui ont agi spontanément et de leur propre chef, suivant la nécessité du moment, et accompli un exploit à leur risque et péril. Pour le grand public, il reste le risque de se tuer en faisant de la planche à neige ou du ski dans les zones d'avalanche, en nageant dans les eaux où il y a des contre-courants possibles, en escaladant les montagnes abruptes, etc. Ces activités à risques seront bientôt abolies elles aussi pour forcer l'âme à une restriction plus grande encore. Les sentiments refoulés sont alors canalisés vers les expressions destructrices des guerres, des gangs, du viol, du pillage et autres activités contraires aux objectifs de la Vie manifestée. Ceci détourne l'humanité de son but original qui est de trouver la connexion et le chemin du retour vers le Créateur.

Vous êtes déjà au courant de tout cela. Alors, pourquoi en discutons-nous ? Pour que vous puissiez reconnaître les sentiments qui prévalent, spécialement chez les jeunes gens. Un tel changement se fait sentir quand vous vous souvenez qu'il y a un plan pour mener l'expérience humaine dans l'autre direction, vers la terre promise de la véritable aventure personnelle, en composant à l'intérieur des royaumes du soi. C'est la réalité expérimentée par le plus grand ensemble qui n'est rien d'autre qu'une image agrandie reflétant ce qui se passe à l'intérieur.

Les 300 identifiés (Note de la traductrice : le Groupe des 300 connu dans le monde de la finance et de l'économie et dont l'intention est de s'emparer de toutes les richesses et de tous les pouvoirs) ne sont rien d'autre que 300 subterfuges focalisés par des ego tordus à qui on a donné champ libre après les avoir manipulés au plan mental. Tous les efforts ont été faits pour assister les individus concernés à réaliser cela au niveau personnel. Vous devez faire face à ce « mal » qui se traduit chez eux par l'incompréhension et l'abus en vous surpassant pour intervenir au niveau même que l'équipe adverse a réussi à atteindre en utilisant l'ego à mauvais escient, et vous devez créer un mouvement qui va arrêter le processus qu'ils ont mis en marche. Ceci se produisit en laissant l'ego s'octroyer du pouvoir dans les domaines contraires à sa raison d'être. Un déséquilibre majeur en résulte, qui met en danger l'intégrité de la galaxie/l'univers. Des mesures extrêmes ont été approuvées par le Créateur pour ramener l'équilibre. Vu l'Amour du Créateur pour chacun de ses fragments, nous faisons tout en notre pouvoir pour leur redonner leur équilibre. Certains se verront certainement refuser l'expérience de la Vie manifestée pour ce que vous considéreriez comme une très longue période de temps, étant donné que plusieurs opportunités leur ont été offertes de se départir de leur fixation sur la séparation. D'autres poursuivront leur apprentissage dans d'autres sphères car ils sont innocents ; ils ont été tout simplement dupés au cours de l'expérience qu'ils ont choisie de vivre en s'incarnant ici.

Ceux dont l'intention et l'objectif sont vrais traverseront l'expérience en choisissant de participer au projet de manifester ce nouveau scénario de création. Cette démonstration de groupe focalisé sera empreinte d'un pouvoir de transformation vraiment très excitant. Ce sera une bénédiction et un cadeau de grâce issu d'un foyer d'amour profond dépassant toute expérience précédente. L'élévation de la planète se produira ainsi et sa transcendance fera des vagues qui onduleront jusqu'aux confins de la Création permettant de nouveaux niveaux d'expérience. Les participants à la transcendance savoureront les récompenses de leur participation de par cet achèvement. La miséricorde et la grâce disponibles dans le foyer d'amour du Créateur découlent de l'infinité de « Son » Amour. Le mental est incapable d'imaginer ceci, vu ses limites ; mais une expansion de la capacité d'englober l'expérience dans son étendue se produira dans le foyer actuel de l'expérience humaine et de son expression lors des changements dimensionnels. Et même les dimensions changeront, suite à ce scénario ; par conséquent, chaque conscience sera électrisée par une nouvelle expérience et elle s'éveillera davantage.

Alors, est-ce que la salutation « Bienvenue du côté gagnant ! » prend un nouveau sens ? Absolument ! L'intention de ces messages est de renforcer votre détermination et de vous soutenir le mieux possible dans les tâches qui vous incombent. Puissent vos cœurs être inspirés à continuer de participer avec dévotion, avec les bénédictions de tous les êtres de Lumière qui collaborent à ce projet. Il est écrit dans votre Bible : « Elle pesa ceci dans son cœur. » Une expression appropriée. L'amour est là ; il vous entoure, vous inspire et vous protège en ce jour. Puissiez-vous ouvrir votre conscience pour en faire l'expérience !

Chapitre 12

Nous constatons avec intérêt que les forces du mal mettent les bouchées doubles. Elles créent des tensions ethniques et raciales entre les individus et les groupes et elles agitent ces derniers, en même temps qu'elles vous poussent avec ardeur à adopter une forme de « gouvernement mondial ». Bien sûr, cela ne va pas sans planification. Ils visent à créer le chaos et la confusion dans la psyché. En fait, cela sert également nos objectifs. Il est beaucoup plus facile de créer le changement à partir du chaos qu'à partir d'un environnement statique et stable. Il existe un grand nombre de planètes qui sont hautement développées, ayant adopté et ensuite adapté les lois universelles. Si cet état est tellement merveilleux, alors la question se pose à savoir pourquoi se concentrer sur une opportunité de transcendance d'une telle ampleur, comme celle qui est attribuée à ce processus, à partir d'une planète en proie à une expérience aussi choquante que la vôtre ? La réponse est que l'énergie chaotique est celle qui présente le plus grand potentiel pour ce processus en particulier. Ce que vous appelez Dieu n'a pas « créé » votre dilemme, mais c'est Sa Création, et il peut certainement jouer un rôle dans ce qu'elle présente de potentiel, pour votre plus grand bien, devons-nous ajouter.

Nous présentons autant de points de vue que possible sur la situation présente, pour que vous la compreniez le mieux possible.

Il est nécessaire que vous vous éleviez au-dessus de la perception angoissante que représente en ce moment sur votre planète toute cette souffrance humaine vécue par un grand nombre de vos compagnons humains incarnés. Ainsi, votre perception prendra du recul et, tout comme le Créateur, vous verrez d'un plus haut niveau ; c'est à partir de là que vous pourrez concevoir vos plans. La conception du gouvernement mondial par l'opposition sert aussi un autre objectif. Parmi les êtres incarnés, plusieurs ont en effet mis de côté les visions nationalistes qu'ils avaient autrefois et ils pensent maintenant en termes d'inclusion globale. Le plan du projet plaira non seulement aux participants américains mais aussi à d'autres. Il est impératif qu'il ait une portée planétaire. Il s'élabore nécessairement à partir d'ici mais son aspect final doit représenter l'intention de tout l'ensemble.

Le chaos atteindra un point d'intensité spécifique et ce sera le moment charnière de la transformation, celle qu'ils ont planifiée ou celle que nous avons planifiée. Conséquemment, le choix du moment de la création et de l'apparition du plan – ou rêve comme nous l'avons précédemment qualifié – dans le champ de la conscience est crucial. À ce stade informe et nébuleux du processus, le terme rêve semble encore plus approprié car plan signifie quelque chose déjà formé en pensée. Ce n'est pas encore le cas. Le terme rêve propose aussi une attitude mentale plus enjouée et plus créative. Il ne met pas l'emphase sur la lourde responsabilité qui repose sur les groupes participants. L'intention derrière le mot est de promouvoir le maximum de conceptions de possibilités, sur des avenues aussi diverses que possible. Au cours des premières phases, il ne doit y avoir aucune pensée limitative. Souvenez-vous que nous ne devons pas tenir compte des actions ou des réactions de l'autre camp. Nous allons rêver de possibilités très peu connues ; donc, tout est possible. Les plans aléatoires de l'autre camp ne peuvent marcher que dans la réalité qu'ils connaissent. Vous allez établir une réalité qui échappe à tout ce qu'ils ont envisagé. C'est ce niveau de créativité que nous nous évertuons à vous encourager à atteindre. Cette créativité surpassera la réalité actuelle et ira bien au-delà. Pouvez-vous le faire ? Bien sûr ! Pourquoi pensez-vous que nous avons mis à l'essai des stratagèmes éventuels possibles ? Ils sont à votre disposition dans les champs éthériques, non pas pour que vous en choisissiez un, mais simplement comme points de départ pour exercer votre imagination.

Souvenez-vous que votre imagination est le point d'entrée dans « la pensée de Dieu » qui est potentialité infinie. Lorsque « deux ou plusieurs d'entre vous se réunissent et invoquent Sa Présence », elle se manifeste à un degré tel que vous, êtres limités, n'avez pas encore perçu. Toutes idées préconçues que les membres individuels de ces groupes peuvent avoir considérées doivent être utilisées comme points de départ seulement. Aucune des possibilités applicables n'a encore été conçue. Ceci peut mettre quelques ego au défi aux premiers stades de la participation, mais c'est un moment crucial dans leur éducation. Ces observateurs témoins de l'existence en 3e dimension doivent être encouragés à entrer dans le processus d'imagerie par lequel ils expérimenteront leur vraie raison d'être. Même l'ego trouvera plaisir dans ce processus car en expérimentant son vrai rôle, il désirera explorer davantage ce même plaisir. En fait, l'ego n'est pas une entité avec son identité séparée mais un aspect très actif de l'expérience humaine qui a été investi de beaucoup trop d'emphase dans le cadre de l'union complexe des énergies de l'âme incarnée. Tout de même, nous devons accorder à cette distorsion le crédit d'avoir créé cette opportunité planétaire ; ainsi donc, de ce point de vue, cette activité a contribué de cette manière unique qui lui est propre. Dieu peut convertir n'importe quoi en une synergie utile pour le bénéfice de tous. Si les humains croyaient davantage à la réalité de cette vérité, cela leur serait d'une grande assistance dans ce projet.

Pour comprendre comment les individus actuellement incarnés s'imbriquent dans ce plan cosmique, regardons ce dernier sous l'angle de l'organigramme d'un organisme corporatif. Cependant, il sera pour vous incroyablement complexe à comprendre dans son ensemble car il ne suit pas le schéma logique qui consiste à placer les responsabilités les plus lourdes au sommet. Pouvez-vous concevoir l'égalité, à partir du bas de l'échelle jusqu'au sommet, de quelque chose qui n'a ni sommet ni bas ? Votre logique en prend un coup, n'est-ce pas ? Cela a-t-il du sens ? Bien sûr que cela en a, si l'enchaînement linéaire n'est pas un paramètre essentiel. Comment un groupe pourrait-il accomplir quelque chose sans que l'enchaînement séquentiel ne soit nécessaire ? Très bien, je vous l'assure. Comment les événements peuvent-ils se manifester sans commencement ni fin ?

Chose étonnante, vous pensez que cela doit débuter tel que lors de la formation d'un bébé. C'est dans l'éther que débute ce qui pourtant semble être un procédé appartenant à la 3e dimension. La partie invisible du procédé est un être complet qui existe déjà au moment de la conception. À partir de l'état complet dans une dimension, il se produit une manifestation dans votre réalité. Une fleur n'a pas été créée à partir d'une cellule de plante ; elle est intégralement conçue dans l'éther, non seulement en apparence mais aussi dans tout son fonctionnement.

Votre groupe sera-t-il responsable de la conception de la démarche qu'il est nécessaire d'accomplir pour répondre au dilemme de la Terre ? Pourquoi pensez-vous que tant d'êtres « éthériques » sont présents ? Nous sommes ici pour vous aider dans les processus invisibles nécessaires. Une fois l'ébauche en place, dans une forme qui assurera les résultats désirés, vous ne pouvez imaginer toute l'activité qui aura cours alors que tous se concentreront vers le « splendide moment de création ». Êtes-vous soutenus tout au long de cette démarche ? Vous faites mieux de le croire. Mais, tout repose sur l'humanité qui, poussée par le chaos et la confusion, initie activement la création de sa propre destinée en changeant sa perception de l'idéal par la création d'un idéal.

Que l'énergie qui attend le démarrage modeste du processus remplisse votre expérience. Vous êtes très appréciés et tout le support possible vous est offert en ce moment. Soyez heureux dans l'accomplissement de vos tâches qui vous semblent banales. Rien dans la vie des humains ne demeurera ordinaire longtemps.

Chapitre 13

Les énergies, telles que projetées par ceux qui voudraient piéger les habitants de la Terre avec leurs plans de changer la destinée de la planète, se meuvent en cercles de plus en plus serrés, à mesure que les planificateurs sombres tentent d'incorporer tous les rouages constituant une partie des cycles de la Création. Oh ! Ils vérifient si méticuleusement chaque dent d'engrenage pour s'assurer qu'aucune n'est hors d'entraînement. Leur jeu est encore basé sur la pensée linéaire car le mouvement en spirale menant aux changements évolutifs est absent. Le terme évolution est attribué au changement dans votre langage. Le processus est mal compris. Vers quoi évoluent-ils ? Leur objectif est de réduire à l'esclavage la population qui aura survécu à leurs jeux, mais pour quelle raison ? Une utopie stagnante ? Qu'est-ce qui leur fait croire que l'univers pourrait ou voudrait les supporter dans cette démarche ? Il est possible de se rebeller contre le processus de création, mais demeurer en dehors du foyer de la Création exigerait un procédé continuellement en escalade et cela est voué à l'échec. Pirater une planète est une chose. Mais créer un anti-univers est pour le moins grandiose – car il n'y aurait pas d'autre manière d'en venir à leurs fins. D'où viendrait cette sorte d'énergie ? Planifient-ils de pirater un univers entier ? Je doute que ce que vous appelez Dieu soit tellement impotent qu'il laisse une chose pareille se produire.

Encore une fois : « Bienvenue du côté gagnant ! » Ceci peut sembler impossible à croire, suite aux commentaires que nous venons de faire. D'un certain point de vue, ce genre d'arrogance est humoristique. Évidemment, cela ne l'est pas du point de vue de ceux qui expérimentent de jour en jour le réchauffement des muscles de l'équipe des ténèbres et qui perçoivent la situation à partir de leur expérience actuelle dans la 3e dimension. Ceux qui invitent le changement doivent avoir la vision la plus vaste possible pour permettre une transition dans la conscience humaine. Peut-être que le terme changement n'est pas le plus approprié, car il signifie un simple rajustement de ce qui existe déjà. Vous l'avez tenté précédemment, lorsque des occasions se sont présentées de vous montrer plus malins que l'adversaire. De toute évidence, cela n'a pas marché ou vous ne feriez pas maintenant face à cette situation. Cette fois-ci, vous devez faire un pas de plus dans votre refus de jouer le jeu suivant leurs règles. Vous devez complètement changer vos tactiques pour paralyser l'exécution de leurs plans, de même qu'ils ont manigancé de vous rendre impotents. Vous devez transcender leurs plans. On a fait beaucoup de bruit autour de la question de « l'ascension » et de « l'extase ». Alors, ceci sera notre version des choses, sauf que Jésus ne le fera pas pour vous. Vous proclamer chrétien ne suffit pas ; vous devez faire plus. Il ne sera pas nécessaire de vous salir les mains du sang de votre ennemi. Non plus que vous devrez présenter l'autre joue et détourner le regard alors qu'il fait ce qu'il veut, car vous aurez vos propres plans qui utiliseront les méthodes de Dieu, méthodes que vous avez oubliées jusqu'ici. L'Armageddon de leur vision ne surviendra pas. Il y aura un Armageddon, mais il se jouera dans un champ différent et le conflit qu'ils avaient l'intention de vous servir n'aura pas lieu.

Votre désir d'être libérés et votre volonté de contrecarrer les projets de ces antagonistes gonflés et opposés à la Création seront guidés vers le succès en suivant les chemins du souvenir. Ainsi s'ajouteront pour vous les éléments de la spirale d'évolution qui manquent à leurs plans si soigneusement tracés. N'ayez pas peur, car vous avez de votre côté les énergies qui créent les systèmes solaires, les galaxies, les univers et le cosmos, en fait Tout ce qui est. Pourriez-vous demander plus de soutien ? Ce n'est pas qu'il a manqué lors d'occasions précédentes ; mais avec intelligence et concentration, les antagonistes ont planifié soigneusement de passer à l'action à un moment précis qui coïncide avec certaines fins de cycles. Ils croient que pareil moment présente des points de vulnérabilité et ils ont raison. Par contre, le Créateur a planifié à ces fins de cycles une opportunité pour Ses fragments holographiques de tirer parti de l'accélération en spirale qui est potentiellement présente. L'attention est activement focalisée vers ce procédé qui permettra à ceux qui le peuvent de profiter de l'opportunité.

C'est une explication très simpliste de cette situation unique. Bien sûr, l'histoire sera écrite dans les annales de cette planète. La marmite bouille, la vapeur s'accumule et l'univers retient son souffle à mesure que le moment approche. Le processus pourrait-il échouer ? Non, et tous les résidents de l'univers seront touchés par les effets bénéfiques résultant de cette opportunité. Souvenez-vous que la pensée du Créateur utilise tout ce qui se trouve dans le flot d'énergie sans cesse en mouvement dans la Création. Le chaos fourmille particulièrement d'opportunités de transformation. Nous partageons cette connaissance avec vous non pas pour ajouter de la pression mais pour vous aider à comprendre l'occasion que vous offre cette situation paraissant tellement sans espoir. Vous devez ouvrir les yeux et utiliser votre capacité d'observer et d'analyser les faits qui prennent place autour de vous. Les avatars du passé ont planté les semences de la compréhension et elles sommeillent à l'intérieur de la conscience humaine. Il est temps de stimuler ces semences pour qu'elles germent et croissent vers la maturation de l'expérience dans la 3e dimension. Ceux qui peuvent accepter cette stimulation le feront et ceux qui ne le peuvent pas recevront d'autres opportunités. Est-ce que des fragments seront détruits ? Tous les fragments de la conscience du Créateur doivent être préservés. Ces aspects qui ont choisi d'expérimenter l'extrême déséquilibre seront placés dans un espace qui ressemble à l'exil. Ce n'est pas l'enfer brûlant utilisé pour vous apeurer jusqu'à la soumission, mais c'est un espace d'isolement pour considérer et réfléchir. Il vous suffit de savoir que cette expérience existe ; il n'est pas nécessaire d'en savoir plus car cela les regarde, eux et leur propre esprit intérieur.

Est-ce que ceux qui ont causé tout ceci et ceux qui choisissent de ne pas partager l'opportunité seront jugés ? Le jugement est un mot qui a été utilisé pour évoquer l'échec et la culpabilité. Laissez aller ce concept. C'est un autre de leurs outils utilisés pour vous contrôler. Au contraire, à la fin de cette expérience, il y aura un processus de lâcher prise. Une révision et un moment pour l'âme (source de chaque humain focalisé en expérience) d'assimiler ces expériences dans la matrice de sa totalité. L'être en situation d'expérience ne peut pas mesurer l'impact de son expérience de vie sur la matrice de la totalité qui l'a amené à l'existence. L'énergie qui se focalise se contemple elle-même. Ce serait de l'auto condamnation qu'il y ait jugement. L'auto condamnation n'existe pas dans les dimensions plus élevées. L'auto contemplation diffère complètement de l'auto condamnation. Condamnation et jugement sont synonymes.

Ce message est offert avec amour, pour votre illumination, dans l'expérience de la communion avec le flot de la Création. Il a pour but de vous éveiller au fait de votre présence dans ce flot. C'est exactement là que vous êtes.

Chapitre 14

L'aube se lève sur des temps nouveaux pour les habitants de la Terre ! Exagérons-nous ? Pas du tout ! Le goût de vivre une expérience entièrement différente crée une nouvelle ouverture vibratoire. Ceci indique que d'autres personnes y ont songé. Jusqu'ici, les pièces du casse-tête n'étaient pas au bon endroit. Certains événements séquentiels et certaines circonstances devaient être en position charnière pour assurer le maximum de chances de succès.

Les habitants de la planète doivent atteindre un niveau particulier de connaissance de la vérité et un certain degré de frustration dans leur résistance à reconnaître les changements qui leur arrivent. Ceux qui jouissent de la communication médiatique sont déjà au fait du processus de répression mais ils en sont encore à la dénégation. Mais même cette attitude cède la place au sentiment suffocant de la Présence intérieure qui est réprimée de façon psychique.

Vous pensez qu'ils jouent ici un jeu de contrôle du mental, mais je vous le dis, c'est plus sérieux que cela. Leur dessein est d'emprisonner le moi intérieur, ce qui a pour effet de ralentir le cerveau, et le sommeil mental en est le symptôme. Si ce n'était qu'une question de stupeur, alors il y a longtemps que vous auriez tous pu être drogués. Mais, ce n'est pas le but qu'ils visent. Qu'est-ce que cela prouverait au Créateur ? L'enjeu ici, c'est la preuve de leur supériorité par la capture et le détournement de l'énergie de l'âme et la mise en esclavage de ceux qui appartiennent à une matrice d'énergie particulière. Le moment venu, les vassaux qui les auront servis si fidèlement seront parmi les premiers à être écartés de leurs plans sombres car ils auront déjà prouvé qu'ils sont corruptibles. Leur esclave idéal porte une matrice entièrement différente.

En quoi des esclaves endormis leur seraient-ils utiles vu qu'ils planifient d'étendre le jeu vers des aires de pouvoirs plus vastes ? Comment donc les planificateurs de cette frasque localisent-ils ceux qui ont une valeur à leurs yeux ? Serait-ce ceux qui ne tombent pas sous l'incantation de leurs efforts réunis ? Et qui pensez-vous que cela désigne ? En effet, les enjeux sont élevés pour chacun d'entre vous personnellement. Est-ce que cette description vous sied ? Pourquoi vous ont-ils autrement permis de continuer à les pointer du doigt pour les identifier et dénoncer ce qu'ils font ? Le but de ces commentaires n'est pas d'instiller la peur en vous mais de vous offrir la meilleure compréhension possible de la situation qui se présente devant vous, qui plus est, sur votre assiette. Vous n'avez pas le choix : vous devez traverser cette expérience.

Ce message est court mais il doit s'ajouter à l'information précédente. Considérons-le comme le levain qui avivera votre détermination encore davantage. Sachez que tout ceci vous est communiqué avec le plus grand amour car vous êtes beaucoup plus précieux pour la Lumière que pour ces êtres-là. Cette planète entière est présentement sous les verrous et vous êtes la clé qui lui rendra sa liberté.

Chapitre 15

Les communications échangées entre ceux dont les intentions sont négatives à l'égard de cette planète et leurs contacts extraterrestres qui ont entièrement et expertement planifié le viol de la Terre sont passablement mensongères. Chaque groupe a son propre agenda. Chacun compte atteindre ses buts clandestins aux dépens de l'autre. C'est un des points faibles de leur effort coordonné. On dirait deux pièces de casse-tête qui s'emboîtent presque, mais pas tout à fait. Lorsque nous observons les situations en termes d'énergie holographique composite ou d'images matricielles, nous sommes en mesure d'identifier les points de vulnérabilité. Alors, l'argument que nous apportons ici est qu'il n'y a pas d'effort unifié dans la réalité de leur expérience.

La seconde faiblesse de leur méthode réside dans le fait qu'ils se nourrissent d'énergie négative créée par la compétition fortement encouragée dans leurs rangs. Lorsqu'un lien faible ou une défection sont découverts ou manufacturés au sein de leurs groupes, c'est un quasi-gavage frénétique qui prend place au détriment de l'énergie qui s'en va. C'est tellement plus satisfaisant pour eux que si un simple humain non investi dans leurs affaires était au centre de l'événement. Ceci leur procure un supplément de leur propre énergie ; ils en ont besoin pour nourrir le vide de la séparation qui doit être maintenue s'ils veulent poursuivre leur œuvre. Ils « bouffent » littéralement la compétition lors d'événements sportifs. Ce point de divergence d'objectif clandestin fait sérieusement l'objet de notre attention. Une opportunité de plus, tout simplement, et dont nous pourrions tirer parti. Alors, nous avons envisagé plusieurs scénarios. À ce jour, nous ne nous sommes pas arrêtés sur une technique spécifique mais plusieurs possibilités se dessinent qui pourraient accomplir l'effet précis nécessaire. Ce que nous disons ici, c'est que si votre action de choc est la clé dans la serrure, il y a également des forces en présence ici qui sont entassées derrière la digue qui les retient et elles sont telles que vous êtes incapables de les imaginer. Cependant, ne sous-estimez pas l'importance de votre rôle car vous êtes le déclencheur qui libère cette énergie endiguée. Les forces de la Création sont loin d'être impotentes ; cependant, elles doivent agir dans le cadre des lois qui créent et maintiennent toute la Création dont l'ampleur peut seulement être saisie par les Énergies mêmes qui autorisent le potentiel de création. C'est comme si nous retenions notre souffle jusqu'à ce que votre participation volontaire déclenche la transformation du flot des énergies.

D'une part, nous devons vous encourager, vous guider dans votre désir d'atteindre votre objectif et vous assister, pour que vous soyez prêts à agir, afin de participer au flot d'événements qui prendront place lorsque ces énergies libérées passeront à l'action. Ainsi, notre rôle est celui de l'entraîneur sportif qui a constamment des plans de jeu en tête, mais nous devons nous ajuster et découvrir les façons de compenser pour les variations dans vos interactions synchrones, les mouvements et les intentions des forces adverses et les aspects du libre arbitre de l'expérience manifestée. Malheureusement, nous ne recevons aucune reconnaissance de notre sainte patience à ce niveau d'expérience, non plus que nous puissions nous arracher les cheveux quand vous nous surprenez avec vos décisions personnelles. Notre degré d'engagement à changer la destinée de la planète en la détournant de sa direction actuelle est notre seule source de pouvoir organisationnel. Lorsque vous choisissez vos contacts, le premier critère de sélection à considérer est la motivation personnelle des individus auxquels vous songez. D'autres traits de caractère entrent aussi en ligne de compte. Les « grandes gueules » doivent bien sûr être exclues ; mais, selon toute probabilité, elles ne seront pas « disponibles ». Ce dernier commentaire peut vous sembler rude, venant de notre dimension où le laisser-être est loi, mais il est nécessaire d'être très clair sur ce point.

Il y a encore plusieurs niveaux d'information à couvrir. Mais, jusqu'à ce que vous ayez établi les premiers contacts et entamé les discussions, il nous est impossible de révéler davantage et de vous guider de façon cohésive et adéquate. Rien ne se fait à l'aveuglette dans cette aventure. Même vos contributions à la transformation intégrale de votre réalité doivent s'inscrire dans le cadre des lois de l'univers et de la Création. C'est sur la Loi d'ATTRACTION que se fondent toutes les autres lois. Vous en aurez la claire démonstration à la manière dont les groupes de départ essentiels se formeront et dans l'assemblage final qui tiendra lieu de pierre angulaire pour bâtir cette nouvelle expérience évolutive. La conception de l'expérience et sa réalisation seront le fruit de cet assemblage d'éléments de consciences bouillants de possibilités. On dit souvent qu'il n'y a pas d'accidents ; cependant, l'ingrédient de libre arbitre dans le processus évolutif assure certainement une infinie diversité en même temps qu'il constitue le levain de la pâte.

Nous en arrivons à la fin de cette portion de notre dialogue continu alors que cette démarche se poursuit en mode accéléré. Le synchronisme et la guérison meublent vos jours. Amour et Lumière vous inondent en appréciation de votre engagement.

Chapitre 16

Il reste si peu de temps – selon la définition que vous en avez – que nous pouvons le mesurer en jours. Nous préférons le voir comme une suite d'événements. Mais, puisque la connaissance de ce que ces événements pourraient être n'est pas disponible pour vous, le temps sera votre manière de vous tenir au courant. Nous essayerons de coordonner la corrélation temps/événement en tenant compte des événements qu'il est important pour vous de connaître. Pour le moment, ce qui importe le plus, c'est la formation des groupes de départ, les parents du projet. À mesure que les choses progresseront, nous vous donnerons l'information appropriée. Les méthodes de contact entre les membres doivent être telles qu'aucun schéma clair n'en ressorte et que le langage utilisé soit très vague. Tel que nous l'avons mentionné précédemment, certains mots ne doivent pas être utilisés ou souvent répétés. Différents sobriquets sont utilisés pour désigner les membres de l'équipe adverse ; les participants au projet feraient bien de ne pas les utiliser. Vous pouvez simplement leur faire allusion ou encore mieux, ne pas leur faire référence du tout. Ceci aidera à prévenir le déclenchement des systèmes de surveillance qui vous espionnent allègrement. Tous les systèmes de communication sont surveillés. Vous feriez mieux de vous faire à cette idée. Plus la méthode utilisée est d'invention récente, plus la surveillance est facile. Malheureusement, les boîtes de conserve jointes par un fil – téléphones de votre enfance – ne font pas l'affaire ; c'est donc avec circonspection et prudence que vous devez utiliser vos outils de

communication. Le dilemme des rencontres face à face est celui-ci :
si vous vous rencontrez sur la place publique, on vous remarquera et
si vous vous rencontrez de manière clandestine, on vous remarquera
également. Ceci commence à ressembler à un de vos films
d'espionnage, mais la situation est ce qu'elle est. En ce moment bien
sûr, il n'y a pas de problèmes. Mais, lorsque ceux d'entre vous qui
deviennent parents du projet commenceront à se réunir, ils feront vite
le lien entre deux plus deux. Le « ballon » doit être passé aux joueurs
suivants qui iront de l'avant; la nouvelle équipe gardera contact aussi
peu que possible avec les joueurs précédents et certainement pas de
façon répétitive. Aucune personne, ni aucun groupe de personnes ne
doit guider le projet.

Toutes rencontres futures personnelles ou d'affaires doivent
exclure à dessein absolument toute référence à ce projet-ci. Les
appels téléphoniques, etc. ne doivent pas servir à comparer les
notes. En temps opportun, les personnes engagées dans le projet
se rencontreront une seule fois pour partager leurs visions de
l'expérience future de l'humanité et en faire un composite. Une simple
déclaration d'objectif définira le nouveau genre d'expérience qui se
situera au cœur de ce projet. Le moment sera alors venu pour chaque
personne et chaque petit groupe de réfléchir soigneusement afin de
choisir à qui passer le flambeau. Ensuite, chacun prendra contact
avec la personne choisie et lui expliquera personnellement l'objectif
lors d'une rencontre qui devrait être des plus difficile à intercepter.
Le mieux est de choisir les lieux de rencontre sous l'impulsion du
moment. Vos bureaux privés sont probablement les pires endroits.
Comme je l'ai signalé auparavant, ils considèrent que vous avez des
talents spéciaux ; vous êtes donc particulièrement intéressants pour
eux. Ne sous-estimez pas votre importance à leurs yeux. Nous ne
connaissons pas d'autres manières de vous rappeler ces facteurs qui
entrent en ligne de compte sans arranger la scène comme pour un
film de cape et d'épée ; encore que ceci n'étant certainement qu'un
jeu sur une petite scène de la Création, peut-être que ce n'est pas
inapproprié. Alors, jouez bien vos rôles. Souvenez-vous simplement
que votre synchronisation pourrait ne pas être aussi parfaite que celle
de Bruce Willis dans ses films.

Ceci arrive peut-être un peu sur le tard puisque la première des
réunions aura déjà eu lieu, mais le contenu de ce message a déjà

pénétré les couches subconscientes de la pensée des personnes que vous contacterez. Ils sauront tenir compte des paramètres suggérés. Votre conscience reçoit ces instructions à d'autres niveaux de même que sous cette forme-ci.

Nous vous pressons ; mais une fois le processus mis en route, il évoluera plus rapidement que vous ne l'imaginez car la pression monte. Chaque personne contactée se sentira profondément attirée, au niveau spirituel, par l'idée d'un nouveau paradigme, car elle aura déjà compris quel enfer attend chaque être humain. Ceux qui trouveront enfin une expression à leur désir de participer et d'aider à solutionner le dilemme planétaire auront l'impression de relâcher enfin un souffle longtemps retenu. La gratitude débordante fera naître l'action nécessaire car il est dit : « Dieu aime le cœur reconnaissant ». C'est vrai et cette émotion peut servir à accomplir beaucoup. Elle provoque l'élévation de l'esprit. Ceux d'entre vous qui sont actuellement sur le terrain, occupés à informer les humains de la Vérité, bénéficieraient certainement d'une poussée vers le haut. Vous avez compris le dilemme de cette planète, en ce qui a trait à son présent et son avenir ; mais l'incapacité des gens à le comprendre et leur refus de croire autant en l'existence d'un plan machiavélique qu'en une destinée glorieuse vous ont forcés à faire face à bien des heures de découragement. Mais chacun de vous a poursuivi sa diffusion de la Vérité. N'est-ce pas une merveilleuse transformation ?

Le moment où l'on comprendra enfin qu'il y a une façon de faire, un plan d'action qui prend forme, et que les forces de la Création sont en effet ici pour aider, fera charnière dans la conscience de chacun. Cette compréhension suscitera un changement d'attitude et commencera à attirer des multitudes de gens éveillés. Ce n'est pas que le message de la Vérité sur ce qui se passe actuellement et sur ce qui les entoure sera différent à ce stade ; mais il y aura un certain aspect sous-jacent qui provoquera le premier déclic dans chaque conscience à l'écoute. On commencera à en discuter et le message passera de l'un à l'autre en gagnant de la vitesse. Il ne sera plus réservé seulement à ceux qui écoutent les entretiens à la radio ou la télévision et qui assistent aux conférences. Ceux qui ont lu et se sont informés devront informer et expliquer à leur tour. Conteurs fidèles d'une terrible histoire, vous êtes les avatars de cette époque ! Mais dans le nouveau paradigme, le rôle de la victime/du martyr n'a pas sa place. La perpétuation de ce modèle ne fait pas partie de notre plan. Cette information vous est offerte pour que vous y réfléchissiez. Puisse votre expérience être remplie de synchronisme et de rencontres délicieuses.

Chapitre 17

Quand un groupe d'âmes se rassembla pour créer l'expérience terrestre en tant qu'expression du flot de la Création, une emphase particulière avait été placée sur l'élément de libre arbitre dans cette configuration pour permettre à l'élément créatif d'avoir libre cours. Le groupe espérait que cette emphase spéciale permettrait l'épanouissement de ce que vous appelleriez une expérience utopique dans le cadre des lois universelles. La possibilité que l'opposé se produise dans le contexte de ce foyer créatif n'avait pas été envisagée. La joie de l'abondance devait résulter du placement correct de ces lois au centre de l'expérience. Le résultat fut plutôt que l'abondance de la matérialité devint une fin en soi et que les lois universelles furent utilisées de façon erronée en raison de l'adoption du concept suivant : « la fin justifie les moyens. »

Si vous ne connaissez que la version erronée des lois qui de fait gouvernent l'existence dans cet univers de pensée projetée, alors comment créez-vous un moyen de traverser cette expérience pour aller vers un nouveau paradigme, en harmonie avec l'ensemble de tout ce qui existe de façon équilibrée ? Ceci est au cœur du dilemme. Puisque le foyer terrestre fut créé par une pensée collective, il semblerait qu'un retour à la formation d'origine devrait être la direction à prendre. Imaginez au départ, un petit groupe d'unités se fondant en un point unique qui grossit et devient une bulle avec un point focal central. Tout ceci se déroule selon un mouvement expansif. Ensuite, voyez cette bulle commencer à adopter différentes formes, à devenir oblongue, à continuer de s'altérer en configurations variées jusqu'à ce qu'elle semble en arriver à un point d'éclatement puisque certains concentrent de plus en plus de pression sur ce point. Maintenant, dans votre imagination, comment ramèneriez-vous cette configuration à une sphère parfaite ? Pensez à la manière dont elle fut créée au départ et répétez le procédé. N'est-ce pas ce que nous avons recommandé ? Vous n'avez pas besoin d'être les êtres omniscients des dimensions supérieures pour y arriver car, à mesure que vous vous regroupez avec l'intention de créer un retour vers l'équilibre, vous n'avez qu'à invoquer le processus créateur pour être guidés. Croyez-nous quand nous disons que cette distorsion sera rééquilibrée par votre intention concertée.

C'est la conscience collective qui contrôle la forme de la bulle. Elle existe à l'intérieur du mouvement ondoyant des pensées de tous. Comme la présence négative, à force de pression soutenue, contraint intentionnellement la conscience collective à se conformer à ses formes de pensée biaisée, lesquelles sont contraires à ce qui maintient l'existence de la bulle, la conscience populaire commence à réagir. Certaines connexions disponibles, établies entre la Source et des membres de la conscience collective, commencent à s'animer, à résonner, comme si elles étaient irritées par la pression. L'équipe adverse a noté cette réaction ; elle applique donc une pression supplémentaire, toujours selon ses mêmes méthodes qui ont servi à créer la situation présente. Pensez en termes de point d'éclatement de la bulle. Si cette bulle se comportait comme un de vos ballons gonflables, un point commencerait à s'amincir et deviendrait plus vulnérable. Qu'arriverait-il si le point, constitué de pensée qui pense, s'épaississait plutôt et réagissait de manières contraires aux lois apparentes du monde matériel ? Précédemment, nous avons expliqué que la pensée pensant à l'intérieur d'elle-même ne pouvait accepter de pensée qui ne s'insérait pas dans le contexte de la Création. Diriger une pensée contraire à la Création requiert un grand effort. Elle ne peut être relâchée pour compléter la création par elle-même. Ainsi, le procédé utilisé par l'opposition requiert de parer à toute éventualité, de la maîtriser ou de l'ajouter au plan, ce qui en retour affecte le plan dans son ensemble. Pensez-vous que ce soit possible, comparé au monde de la pensée qui peut penser par elle-même et être au fait de chaque éventualité en moins d'un clin d'œil ? Cette pensée qui pense tout se soumet à une incroyable restriction appelée le « libre arbitre » des participants. Cependant, quand le libre arbitre des participants entre en résonance avec cette pensée, par l'intention et l'objectif, alors c'est toute la « Création » qui se déchaîne pour ainsi dire.

Est-ce aussi simple que cela ? Qu'advient-il de toutes les lois de la Création qui n'ont pas été respectées par tous ceux qui appartiennent à la conscience collective ? Chacun de ses membres n'est-il pas tenu de se repentir et d'abandonner toutes ses pensées erronées ? Voyons, n'est-ce pas justement cela faire une expérience ? Vous avez oublié quelque chose. Chacun de vous est pensée manifestée en énergie de 3e dimension. Si la pensée peut penser d'elle-même, alors ne pensez-vous pas qu'elle peut se manifester à l'intérieur de chaque individu ? Elle le peut mais elle est contrainte par le « libre arbitre ». La décision de traverser cette expérience et de repositionner cette planète entière à la place qui lui revient dans la Création appartient au libre arbitre. Quand chaque conscience en arrive au point d'ébullition intérieure en raison de la pression qu'elle subit, ne pensez-vous pas que chacune d'elles lancera un appel à l'aide à son Créateur ? À un certain moment, ceux qui sont sous l'emprise du pouvoir religieux et qui croient à la nécessité d'un intercesseur auprès de Dieu, passeront outre cette croyance et solliciteront l'aide divine eux-mêmes ; ils s'éveilleront alors à leur vraie connexion. Quand cette énergie aura atteint un seuil déterminant, elle se joindra au nouveau point focal en formation au centre de la sphère réelle d'existence (la bulle) qui a toujours existé au sein de la Création. Il s'agit en fait de s'identifier à la vraie bulle et non pas à la réalité de la pièce de théâtre présentée sur la scène de la conscience populaire.

Si c'est le cas, alors pourquoi en faire tout un plat ? Parce que cette pièce de théâtre constitue la réalité du point de vue de la conscience populaire ; dans le contexte du libre arbitre, ça l'est aussi. De plus, la situation menace d'endommager très gravement l'existence continue de ces extensions d'âme, ce qui produirait des contrecoups dont la terminologie en usage en 3e dimension ne peut rendre le sens. Il est impératif qu'un nombre suffisant de ces extensions en arrivent à comprendre qu'elles ont la capacité de s'identifier à une autre réalité et de se l'approprier. Peut-être votre salutation devrait-elle être « Bienvenue du côté gagnant. Identifions-nous à nos rêves et réclamons-les ! »

Chapitre 18

Le nouveau jour se lève alors que votre planète tourne sur son axe et que l'humanité continue de sommeiller sous l'influence des forces des ténèbres. Leurs plans semblent converger vers un désastre inexplicable et seulement quelques fidèles semblent éveillés et conscients de la progression vers la ruine de ce ravissant monde vert et bleu. La magie de la beauté se brouille et le refuge dont vous dépendez se désagrège autour de vous et encore là, ceux qui s'en rendent compte l'ignorent. Les derniers jours coulent vers l'abîme pendant que la télévision, les sports et les sédatifs vous droguent au sens propre comme au sens figuré.

Alors maintenant, comment quelques-uns d'entre vous peuvent-ils contenir ces ténèbres qui s'épaississent de plus en plus rapidement ? Devrions-nous mentionner à nouveau tout ce que vous savez déjà, nous lamenter et nous frapper la poitrine, comme l'ont fait les prophètes de l'ancien temps, et réclamer de « Dieu » qu'il vienne nous sauver ? Des millions le font déjà ; ils adressent leurs supplications à un Créateur qui semble rester sourd à leurs prières. C'est ainsi que les victimes qui désirent être secourues perçoivent la réalité : leurs requêtes resteront sans réponse. En fait, les seules prières pouvant être exaucées sont celles qui réclament le pouvoir individuel dans le cadre de la Création. Pensez-vous que les étoiles restent accrochées au firmament simplement en vertu de la requête anodine d'un être divin ? Certainement pas ! C'est le principe derrière les lois mathématiques et équilibrées supportant Tout ce qui est qui les maintient en place. L'homme continue de quémander et bloque l'aide même qu'il désire par son refus de s'impliquer autrement que de manière contraire aux lois mêmes qui assurent son existence malheureuse. L'histoire de ces lois s'étale au grand jour dans ce qui reste de la nature mais, au milieu de sa misère, l'individu est aveugle. Les hommes de science analysent les composants de la Vie mais pas le phénomène même de la Vie, observable dans les structures manifestées qui les entourent. Leur analyse mentale les amène à croire, avec beaucoup d'arrogance, en leur supériorité sur leur environnement plutôt qu'en leur fraternité et en leur parenté avec celui-ci. Comment peut-on aider des gens qui ignorent de plus en plus le phénomène même de leur existence ?

La victime ne peut être secourue ; elle doit se tirer d'affaire toute seule pour assurer son propre sauvetage en prenant les choses en mains. L'homme est constitué de l'essence même de sa Source. Il est un minuscule hologramme de cette Source. Un hologramme est le minuscule fragment d'un tout qui peut virtuellement projeter l'ensemble dont il est issu. Quoique le concept de l'hologramme ait été étudié en partie, il n'a pas été « analysé » en fonction de son application à l'essence de Vie qui anime chaque être conscient. C'est la réorientation de ce fragment vers sa source d'existence qui détermine dans quelle mesure la totalité de la Source peut s'exprimer en réalité connue, dans l'expérience de chaque fragment.

Vous pouvez vous faire une bonne idée de cette réalité si vous pensez par exemple au degré de concentration qu'il a fallu maintenir entre le fragment (Gaia) qui a manifesté la planète Terre et sa Source. Regardez la magnificence du corps humain, le véhicule de votre expérience terrestre. Un véhicule capable d'abriter une conscience consciente d'elle-même, pouvant contempler sa Source si elle choisit de le faire. Cette Source se contemple elle-même et ce faisant, elle se fragmente pour pouvoir se contempler davantage par le biais de la manifestation d'expériences. Elle détient le libre arbitre pour le faire. Puisque le libre arbitre est le véhicule de cette contemplation, alors il se manifeste dans chaque fragment de l'hologramme. Ce libre arbitre permet toute expérience qui fait progresser la démarche de contemplation de soi. C'est la polarité qui permet de faire la distinction entre ce qui sert ou ne sert pas à la démarche de contemplation ; ainsi, l'équilibre entre les deux pôles permet de mener chaque exploration à terme, pendant le voyage de retour du fragment initialement projeté vers sa Source. Remarquez que votre compréhension du processus s'approfondit à mesure que l'information vous est présentée. Chaque fragment revient à la Source qui l'a projeté. Vous êtes ainsi amenés à comprendre la structure du processus dont vous faites partie car chacun d'entre vous est un fragment holographique de la Source de tout ce qui existe dans son mécanisme de contemplation de soi. Ah ! Vous voilà pris de panique ; vous allez cesser d'exister si vous suivez le chemin du retour. Pas du tout ! Votre propre conscience de vous-même grandit à chaque phase du retour vers la Source qui vous a lancés dans l'expérience, et elle s'élargit de plus en plus jusqu'à ce que vous ayez la capacité absolue d'être entièrement son égal à l'intérieur de la Totalité plus vaste de la Source qui se contemple.

Est-ce que ceci vous coupe le souffle ? Ça ne devrait pourtant pas. Cette nouvelle devrait être la plus réconfortante que vous ayez jamais reçue. Pourrait-on vous présenter un futur qui soit plus prometteur que celui-là ? Quels sont les plaisirs qui pourraient se comparer à un tel futur ? Je vous assure qu'il n'y a pas de plaisirs physiques éphémères qui puissent se comparer à ceux qui vous attendent lorsque la conscience fragmentaire s'engagera sur la spirale d'expérience menant au but ultime. Le problème est de traverser le gouffre d'incompréhension créé pour vous piéger par ceux qui se sont empêtrés dans l'utilisation erronée de l'aspect de libre arbitre. Ces êtres pitoyables se sont tellement fourvoyés avec leurs illusions qu'ils se croient suffisamment puissants pour atteindre non seulement l'égalité complète avec la Source de tout, mais la dépasser. Même ceux qui souscrivent au paradigme erroné de la psychiatrie contemporaine considéreraient cela comme pure folie s'ils pouvaient comprendre la machination dans sa totalité.

Pour procéder à cette prise de pouvoir dénaturée, il leur faut utiliser une duplication déformée du procédé, une contrepartie à ce qui existe. L'humanité n'est qu'un des éléments utiles à leurs fins. Ils ne peuvent pas créer à partir d'une potentialité négative. En dépit de leurs efforts, cela n'a pas marché ; alors il leur reste l'alternative de convertir ce qui existe déjà – et vous l'appelleriez positif – en son opposé, une contrepartie négative. Maintenant, selon votre méthode linéaire de calculer le temps, cette entreprise n'est pas récente. Où en sont-ils ? Afin que vous ne vous sentiez pas complètement dépassés, disons que les choses en sont à un stade critique. Leur permettre de continuer mettrait en danger plus d'expérience manifestée par la Source qu'il n'est prudent de faire. Ils sont suffisamment avancés en tout cas pour amener une partie de la conscience de cette « ensemble remarquable » de la Source à s'intéresser au problème. Le pouvoir de cette Source de rayonnement de ramener l'équilibre dans la totalité du processus, tel qu'expliqué précédemment, est prodigieux, même perçu avec les facultés limitées de la 3e dimension.

Nous avons tenté d'expliquer précédemment qu'il y a de l'aide disponible, qu'elle est puissante et que nous en avons même réduit l'importance. Cependant, la clé pour libérer cette incroyable force se situe à l'intérieur de ce qui est à l'origine de la situation : LE LIBRE ARBITRE ! Si vous n'étiez pas d'une valeur exceptionnelle, outre de servir d'instrument de changement, d'autres moyens pour mettre fin à la situation pourraient être employés. Chaque fragment individuel, qui est une partie du fragment de cette Source de rayonnement, doit être retrouvé pour que l'équilibre du tout soit maintenu. Vous ne pouvez pas être tout simplement éliminés. Ceci créerait une imperfection aux répercussions intolérables. Tous les fragments doivent retourner à la Source dont ils sont issus et projetés pour que cette Source demeure intégrale et équilibrée. Ceci ne veut pas dire que ceux qui ont poussé à l'extrême cette expérience contre nature ne bénéficieront pas de quelques expériences éducatives ; sans aucun doute, ils en auront. Votre perception du temps ne vous permet pas de considérer un tel processus, alors n'essayez pas de le faire.

Il est important que vous ayez une vue d'ensemble de cette situation afin que vous puissiez commencer à comprendre que même ceux dont les modes de comportement sont les plus sinistres sont précieux à la Source que vous appelez Dieu. Ils font partie de la totalité projetée par la Source. De simplement vous dire qu'ils sont une parcelle de Tout ce qui est n'a pas amené la compréhension nécessaire. Nous avons donc adopté ici une autre approche : nous sommes repartis du début. Espérons cette fois que nous aurons réussi. Sinon, une relecture de ce message vous permettrait peut-être de mieux comprendre. Ce n'est pas que nous souhaitions un assouplissement de votre attitude vis-à-vis de ce qui est perpétré, cela servirait à avancer leur cause néfaste. Cependant, nous voulons que vous compreniez pourquoi l'option de simplement détruire l'expérience entière n'est pas acceptable ou pourquoi semer la pagaille dans leurs plans ne suffit pas. La Source, le Grand Patron, veut une résolution, et qui sommes-nous pour nous permettre de contester ? Nous avons ce problème clé à résoudre. Alors, résolvons-le.

Chapitre 19

Partout sur le globe circule un sentiment d'agitation de plus en plus grand. L'intuition individuelle commence à se développer car la convergence de l'attention qu'une galaxie entière place sur une seule planète fait vibrer cette dernière. Vos concitoyens, déjà sensibilisés à ce phénomène, ne sont pas sans remarquer l'éveil qui prend place chez vos semblables. Cet apport est différent des énergies manipulatrices, directes et suffocantes, qui sont diffusées pour anesthésier votre conscience. L'attention galactique est transmise par des énergies trop subtiles pour être détectées par les systèmes mécaniques de surveillance utilisés par l'oppresseur. L'opposition doit arriver à ses fins en utilisant des méthodes qui suppriment le mouvement d'expansion naturelle de la pensée animant la forme manifestée. L'énergie en provenance de votre galaxie qui rejoint votre conscience collective possède une qualité naturelle d'expansion. Elle pénètre dans les profondeurs de la conscience ; puis, conformément à sa nature expansive, elle se faufile dans le subconscient et agît par le biais des rêves et des patterns de sommeil qui ne sont pas réparateurs. C'est qu'elle bouleverse le statu quo de la conscience qui voudrait rester anesthésiée. La sévérité de la suppression de conscience subie par l'individu est le facteur qui détermine le degré de réceptivité au message galactique. L'être a-t-il un rythme vibratoire trop lent ? Peut-il encore recevoir la stimulation d'une vibration plus rapide et plus haute, émise par cette forme de pensée galactique ? Cette stimulation ne donne pas du tout dans le genre message de condoléances envoyé par des individus compatissants. Cela équivaudrait à vous traiter en pauvres victimes, technique de répression utilisée d'ailleurs par l'autre camp ; encore un autre de leurs mauvais tours pour miner votre pouvoir personnel. En fait, l'objet de cette stimulation est de rétablir un meilleur fonctionnement des récepteurs de Lumière qui assurent votre manifestation.

Vous commencez maintenant à réaliser qu'il y a deux foyers d'énergie en action : l'un de stimulation et l'autre de répression. Nous préférons ne pas utiliser de termes de guerre, mais prenez note que la « bataille » pour cette planète est déjà en cours. Non pas celle qu'on vous avait prédite, où les deux côtés s'adonnent partout à la tuerie, mais celle qui se réclame de la possession et de la garde des énergies de l'âme. Un camp se propose de réclamer beaucoup d'âmes, l'autre de les préserver toutes. Souvenez-vous, il suffit qu'une minuscule unité d'énergie soit vraiment détruite pour que se perde l'intégralité du Tout. La Source de Tout ce qui est est de nature expansive. L'énergie peut se transformer dans tout ce qui semble être apparition et disparition, naissance et mort de la forme manifestée, mais l'énergie qui est à la base de ce phénomène est toujours présente.

Les pôles font toujours partie intégrante de cette énergie omniprésente ; cependant, ils ne sont pas requis dans l'expression que vous percevez comme étant les forces du mal, les ténèbres. Ce pôle opposé ferait l'objet d'un autre exposé. Vous devez cependant comprendre que ce qui paraît être le pôle opposé dans l'expérience de la planète Terre est une aberration, une utilisation anormale de l'énergie de ce pôle. Ce n'est pas la norme, c'est l'exception.

Dans le contexte de cette situation, mieux vous comprendrez ce dont vous disposez, plus vous serez aptes à maintenir facilement votre concentration sur l'objectif, parmi les énergies en mouvement à travers vous et autour de vous. Vous risquez plus de succomber en quelques instants aux énergies de répression que de maintenir votre concentration sur les énergies stimulantes qui agissent en vous. Contrairement à ce qu'on vous a dit, la « bataille » ne se livre pas à la surface de la planète mais dans la conscience individuelle et aussi, par définition, dans la conscience planétaire. Qu'on le comprenne ou non, le terme « conscience planétaire » veut dire que c'est l'ensemble de l'esprit humain qui forme la conscience propre à la planète. Donc, la transformation que la planète s'est méritée de par son rôle répété de mère de civilisations en évolution dépend de la transformation de la civilisation actuelle. Vous commencez à comprendre comment une telle symbiose dans le processus évolutif présente des risques d'abus. Cette coalition interne d'énergies a des vues sur le processus de transcendance. Les opposants envisagent la suppression d'un monde plutôt que la transformation expansive planétaire de celui-ci en une expérience dans une dimension plus élevée sur le plan vibratoire.

Étant donné la lourdeur de l'énergie des pensées échangées entre les Terriens, la communication de compréhension conceptuelle de mental à mental (télépathie) est à un très bas niveau. Une prolifération de moyens mécaniques en a résulté afin de suppléer à chacune des facultés dont vous vous serviez communément auparavant pour communiquer sans l'aide d'équipement. L'avènement rapide de ces technologies (appareils) est le résultat des foyers de pensée concentrés sur la manifestation vibratoire lente et lourde ; ce qui semble être un progrès merveilleux est en fait justement l'inverse. Ceci représente un affaiblissement de la capacité à focaliser sur l'utilisation formatrice et expansive du pouvoir de la pensée, inhérent à toute la Création. Il y a encore ici une manipulation mentale. Votre attention est détournée et, au lieu d'avoir recours à votre potentiel de ressources intérieures pour créer une manifestation extérieure, vous vous servez de votre activité mentale externe d'analyse et de manipulation de la réalité manifestée. Le cours normal des choses consisterait à explorer la conscience intérieure pour ensuite amener en manifestation dans votre réalité les expériences les plus profondes que vous ayez trouvées à l'intérieur. Que pensez-vous qu'il arrive aux grandes idées pour servir l'humanité ? Pendant que vous restez aveugles à ce qui se passe, elles se retrouvent déformées, sous votre nez, en outils servant à réprimer les gens. Tout ce temps-là, votre attention est détournée vers le spectacle mis en scène à votre intention.

Maintenant, c'est là que nous allons commencer à nous amuser. Vous êtes en train de faire vos dernières tentatives pour établir le contact, sur le plan de la conscience, avec le plus grand nombre possible de personnes, en utilisant leurs technologies, pendant que vous le pouvez encore. Vous commencez aussi à vous allier avec la stimulation intérieure des énergies. Vous aussi recevez la stimulation. En fait, vous êtes comme ces stations de relais utilisées par vos stations radiophoniques. Vous jouez un rôle multiple dont vous êtes parfaitement conscients, en votre for intérieur, dans la totalité de votre expérience. Faites confiance au processus et tenez bon. Tout est loin d'être perdu. Bienvenue du côté gagnant ! Concentrez-vous et manifestez !

Chapitre 20

La gloire de vos nations disparaît sous vos yeux alors qu'elles sont, une à une, attaquées de l'intérieur. Elles cèdent les droits sur les mines et autres ressources en échange de subventions monétaires dont elles ont besoin. Quand les leaders sont assassinés ou déposés, l'argent détourné dans des comptes secrets revient aux usurpateurs. Ces cycles se répètent constamment. Face à des situations où les règles sont de plus en plus nombreuses et les denrées de base de moins en moins disponibles, les populations abandonnées par leurs gouvernements doivent donc trouver elles-mêmes leurs solutions. C'est un bien triste spectacle à voir. Alors, que faire maintenant ?

Considérons à nouveau les conditions qui pourraient modifier cette situation cauchemardesque. Se pourrait-il que les forces manipulant cette situation puissent créer des circonstances qui, à leur paroxysme, provoqueraient une élimination systématique des habitants de la planète et que ceci puisse avoir des répercussions qui excèdent leur capacité de contrôle? Existe-t-il dans ces plans des faiblesses qui, si elles étaient exploitées, pourraient donner lieu à des résultats imprévus ? C'est non seulement possible, c'est probable. Prenons le passage à l'an 2000 comme éventuelle période difficile. (Note du réviseur : Les messages furent communiqués en 1999.) Si réellement les merveilles technologiques procurant l'énergie, l'eau, les communications, l'argent, les moyens de transport, etc. dépendent toutes d'ordinateurs pour fonctionner, alors, il en va de même pour l'armée et les systèmes de communication utilisés pour conspirer et pour tout autre mécanisme merveilleux qu'ils entendent utiliser. Leur construction a été confiée à des entreprises privées. C'est bien connu que dans la mesure où ils le peuvent, les entrepreneurs ne suivent pas les spécifications afin de réduire leurs coûts. Il est donc très vraisemblable qu'on ait utilisé à la place des modèles spéciaux spécifiés au moins quelques puces d'ordinateurs standard. Comment cela affectera-t-il leurs plans, si ces substituts présentent le même problème de date que les puces délibérément en usage pour créer un effondrement chaotique du monde que vous connaissez présentement ? Puisqu'il doit y avoir un échange synergique d'information entre les systèmes informatiques, il pourrait y avoir des répercussions à l'intérieur de leur propre système indépendant, ce qui causerait un chaos dans le chaos. Des segments de leur plan peuvent être déployés, mais tout doit se passer strictement tel qu'anticipé afin d'établir et ensuite de maintenir leur objectif visé : le contrôle complet. Et si un nombre suffisant de phases de leur plan étaient en place pour que les gens réalisent la vérité, mais que leur propre chaos interne entraîne ce que nous pourrions appeler une fusion nucléaire interne ? Et si les défenseurs de l'humanité, travaillant à l'intérieur, avaient délibérément introduit des problèmes techniques dans leurs systèmes ? C'est une hypothèse intéressante à considérer.

Supposons que le scénario décrit ci-dessus soit réel. Nous avons alors une révélation suffisante du plan d'asservissement de l'humanité pour réveiller cette dernière et nous avons aussi ce que nous pourrions appeler un double chaos. Ceci ajoute une 3e couche de chaos. Comment la balance va-t-elle pencher en faveur de la planète et de la survie de l'humanité, à partir de tout ce chaos ? Il y a un élément de plus ici qui doit être introduit. Qu'advient-il de ces êtres extraterrestres qui ont supervisé la mise en place de votre structure de pouvoir et l'ont utilisée à leurs fins ? Le chaos mentionné ci-dessus servirait-il leurs objectifs ? Auraient-ils pu saboter les plans de leurs propres partisans pour les éliminer du jeu ? Ont-ils un autre plan qui éclipse ceux qui sont déjà en place ? Nous pourrions dire que l'affaire se corse.

Cependant, puisque nous explorons les possibilités, nous pourrions la corser encore plus. Il y a une facette de la Loi universelle d'attraction qui entre en jeu lorsqu'une planète interfère avec le développement d'une autre. En vos termes : ne fais pas à autrui ce que tu ne voudrais pas qu'on te fasse. Si vos agissements interfèrent avec une autre planète, alors vous vous exposez à une intervention des autres forces planétaires. Ah ! Ah ! Est-ce que vous commencez à y voir plus clair dans cette sombre affaire ? Espérons que votre cœur a fait un bond dans votre poitrine et qu'un espoir réel a germé dans votre imagination.

Nous avons encore le dilemme de tout ce chaos à débroussailler. Alors, éclairons la scène un peu mieux. Une fois qu'une planète a été directement affectée par une interférence autre qu'une simple offre de conseils, les habitants de cette planète peuvent demander de l'aide afin de restaurer l'ordre et l'équilibre. C'est là que réside la clé. Une demande d'aide doit être faite et la prière est considérée comme une forme de requête. Cependant, il faut que ce soit une prière affirmative. La prière est affirmative quand vous passez au mode créateur inhérent à votre nature (vous êtes créés à Son image et à Sa ressemblance). L'humanité doit actuellement se rassembler en un groupe homogène, dans un état créatif harmonieux, pour se déplacer dans la spirale montante de l'évolution planétaire et du développement individuel. Maintenant, connaissant la nature humaine, il y aura ceux qui, quand ils seront remis du choc, voudront immédiatement remettre en place ce qui existe dans leur zone de confort. Ils voudront tirer profit de la situation pour en instituer une autre de domination ; en effet, à ce moment-là, les gens réclameront à grands cris de nouveaux « leaders ». Mais ceci ne constituerait pas une évolution. Le niveau supérieur repose sur la responsabilité individuelle. Les chances de transcendance de cette planète et de ses habitants seront perdues à moins que les transformations ne s'effectuent sur la base du nouveau paradigme.

Il est important qu'une ébauche de « prière de demande d'aide » soit déjà en place pour éviter les risques d'un retour en arrière. L'aide nécessaire pour mener à bien cette démarche vous sera alors assurée. Cette aide ne sera en aucune manière une aide militaire. Ce sera l'amour manifesté du Créateur et il sera vraiment le bienvenu car il entrera en interaction avec votre Être intérieur, cette connexion directe avec le Créateur que vous avez oubliée. L'amour se connectant et entrant en interaction avec l'amour, il apportera des changements au-delà de vos rêves les plus ambitieux. Notez bien qu'au niveau planétaire, la planète elle-même connaîtra une expérience similaire.

Puisse cette information vous rassurer sur votre avenir ! Bienvenue du côté gagnant ! Allez, concentrez-vous et manifestez !

Chapitre 21

Il est temps de se focaliser pour que l'emphase puisse porter sur le changement capital nécessaire pour passer à la phase suivante. Ceci ne veut pas dire que la première phase soit déjà achevée. Cette dernière est maintenant en cours ; elle consistait à recevoir et à diffuser l'information se rapportant aux activités des saboteurs. Pour nous qui surveillons les énergies composites, nous percevons qu'il y a suffisamment de mouvement dans la phase de l'éveil pour que sa continuité soit assurée. Il y a également un nombre adéquat de gens, s'occupant de la communication de l'information, pour qu'elle continue dans sa foulée. On reçoit l'information, on la lit, on l'écoute, on en discute. Comme vous pouvez le constater, l'effet ondulatoire capital a commencé avec les discussions de vive voix, sur l'Internet ou autrement. Pour ne pas perdre l'élan, maintenant qu'on vous a donné l'éveil, il faut préparer l'étape suivante. Sinon, l'inertie résultant du manque de compréhension de ce qu'il faut faire ensuite, au cours de la prochaine étape, permettra que l'assaut répété des techniques d'engourdissement du mental se poursuive allègrement.

La prochaine étape se rapporte au choix de l'individu fermement déterminé à se défaire de son sentiment d'impuissance et à se mettre à observer hors de l'atteinte des techniques de contrôle. Un petit pas semble-t-il, mais déterminant, car il pousse l'individu à quitter le troupeau pour ainsi dire. Cette étape peut être franchie sans exposition au danger que représente une résistance physique. Elle peut se faire en toute sécurité, sans être détectée par les entités apparemment redoutables qui veulent à tout prix vous contrôler. L'éveil individuel à la réalité de la connexion avec la conscience, cette partie du soi qui permet l'observation, est également capital au processus de chacun. L'éveil déclenche un changement dans la fonction de l'ego survolté et il commence à le calmer lentement. Ceci aide l'ego à retrouver sa véritable fonction. Cette expérience favorise le regain du pouvoir individuel car elle ramène l'équilibre tel qu'établi à l'origine dans l'expression de l'expérience manifestée. C'est une étape très importante. L'attitude mentale changera facilement et sans heurt, une fois le nouveau mode d'observation établi.

Quelle est la meilleure manière de commencer à remplir votre mission ? En suivant fidèlement le processus vous-mêmes, vous commencerez à guider ceux qui sont en contact avec vous et qui commencent à prendre conscience de ce qui se passe autour d'eux. Lorsqu'ils considèrent l'implication de toute cette information, ils sont effrayés. Comment leur vie va-t-elle être affectée ? Ce n'est pas chose aisée d'envisager que tous les merveilleux conforts dont ils jouissent puissent disparaître de leur existence. Ils se demandent aussi comment ils vont continuer à gagner leur vie. Selon eux, tout ceci ressemble trop à une misère abjecte ; il est donc plus facile de continuer à repousser l'idée le plus loin possible et de s'abstenir d'y réfléchir. Cependant, l'idée continue à remonter à la surface comme un bouchon de liège dans l'eau. Il convient alors de leur suggérer de prendre du recul par rapport au problème et de commencer à examiner les possibilités qu'il y a d'utiliser la situation à leur avantage. Durant la période de changement chaotique, l'usage du troc, du négoce et autres méthodes créeront des opportunités. Puisqu'il sera difficile d'accumuler les biens matériels, l'aspect créatif inhérent à tous les fragments du Créateur s'en trouvera libéré. La créativité est vitale à tous les niveaux de l'expérience ; sans elle, personne n'aurait été amené à exister. La clé de cette énigme est de demander de l'aide à la source de la pensée qui a créé cette expérience et nous y garde. Sans cette source de la pensée, les éléments d'énergie de base (atomes, molécules et cellules) s'éparpilleraient tout simplement.

Il semble difficile de rattacher la probabilité de réussite d'une planète tout entière au fait qu'une poignée d'individus commencent simplement à modifier leur perspective personnelle et encouragent un changement similaire chez ceux qui gravitent dans leur sphère d'influence ; mais c'est néanmoins ainsi que cela se passe. Tout comme un long voyage commence avec le premier pas, il en va de même pour le changement ; il démarre d'abord dans l'expérience individuelle. C'est particulièrement vrai si le mouvement se fait selon la méthodologie régissant les lois qui gouvernent la Création manifestée. Tout d'abord, quelque chose doit exister pour attirer l'énergie. « Au commencement, il y avait la 'pensée' et la 'pensée' se fit chair (se manifesta). »

Après la pensée conceptuelle, vient ensuite le désir de la voir se manifester. Penser une pensée ne suffit pas pour qu'elle se manifeste. Elle doit s'accompagner d'un état émotionnel qui sert de carburant au mouvement ou d'un remaniement de l'énergie pour qu'elle passe de la pensée à son expression. La manifestation commence une fois que les énergies « attirées » se sont mobilisées. Pour prendre forme, la pensée englobe plus que les choses; elle inclut les situations, les circonstances et la stimulation du désir pour que des pensées supplémentaires aident à réaliser l'expérience désirée. Une fois le processus enclenché, c'est dans la nature de l'impulsion créatrice de progresser jusqu'à l'accomplissement, pourvu que l'objectif soit en harmonie avec les lois universelles. L'objectif souhaité doit apporter la liberté à tout ce qu'il touche au cours de son voyage en spirale vers la Source. Quand ces conditions sont réunies, alors l'Harmonique de l'attraction est activée libérant tout son pouvoir subtil.

Lorsqu'un mouvement du foyer créatif signale qu'une action délibérée de grande envergure se prépare, il est bon de revoir d'abord les principes de base. Au plus haut niveau de conscience (niveau vibratoire le plus fin), tous les changements dans la destinée de cette planète sont reçus avec grande anticipation. De l'énergie est fournie pour supporter les changements qui mèneront à l'établissement de l'harmonie et de l'équilibre. Cette énergie renforce et accélère le processus. Il serait bon de le reconnaître et de faire preuve de gratitude lors de vos méditations. Témoigner de la reconnaissance crée un retour d'énergie permettant un meilleur échange entre cette conscience attentive collaboratrice et vous.

L'aspect le plus difficile du projet pour ramener cette planète dans l'équilibre et la sécurité de l'harmonie, est de déclencher un changement au beau milieu de cette piraterie planétaire soigneusement organisée. D'abord, il a fallu considérer quelles seraient les réactions, une fois la présence reconnue des énergies maléfiques ; puis, il a fallu découvrir l'origine et l'intention de ces énergies. Ensuite, il a fallu transposer cette compréhension en paroles et en écrits, puis trouver les moyens de diffuser cette information. Tout ceci doit se faire au milieu d'un flot d'intention négative, qui non seulement coule comme une rivière, mais une rivière à très fort courant. Pourtant, grâce à la force de votre intention galvanisée par votre désir d'empêcher l'exploitation de votre planète et de sauver vos semblables, c'est vous, une poignée de volontaires, qui êtes capables d'accomplir cette prouesse apparemment impossible. Tous progresseront vers le résultat final désiré, si nous pouvons poursuivre le processus avec la même force d'intention et la même volonté d'amener beaucoup de monde à la prochaine étape, par le biais de la diffusion de l'information qui les concerne. Une bonne partie de la première étape fut accomplie sans trop se demander où mèneraient la connaissance et la compréhension de la situation menaçant l'humanité. Cela répondait à un besoin d'informer et d'éveiller pour que « quelque chose » puisse être fait. Le processus fut galvanisé par des idées de résistance provenant des lignes directrices d'origine visant à préserver un gouvernement du peuple. Malheureusement, le gouvernement du peuple par le peuple est en train de se transformer en tyrannie, pas à pas mais tout de même très rapidement.

La prochaine étape dans l'évolution de la conscience humaine se situe plus loin, dans un nouveau paradigme. La vraie solution réside dans la compréhension que l'idéal de la liberté doit être basé sur la responsabilité personnelle. C'est un grand saut conceptuel à faire, particulièrement pour ceux qui sont les premiers à accepter la validité de cette théorie et à la prendre en considération. La pression causée par la réalisation que l'autre alternative est de ne rien faire, tandis que l'expérience manifestée en cours se démantèle, les incitera à considérer de nouvelles possibilités. Le manque évident de responsabilité personnelle, observé dans l'élite gouvernante élue, sera un élément supplémentaire qui viendra enflammer leur détermination. Le maillon le plus faible (comme un muscle) doit être renforcé par l'exercice. Il faut qu'il ait la possibilité de travailler pour se fortifier. Ceci est essentiel pour se sortir de l'impasse présente et arriver à un renouveau.

Prochain point à l'agenda : donner naissance au rêve conçu. Ce sera comme de poser le 2e gros rocher dans une rivière d'eau vive pour détourner l'eau vers un autre canal. Une fois le 1er rocher en place, il est temps d'ajouter le suivant pour détourner une plus grande quantité d'eau. Soulignons qu'il y a maintenant plus de monde pour déplacer ce rocher-là. Il y a un dicton dans votre culture qui dit que, pour accomplir quelque chose de difficile, il faut monter le cheval qui veut courir. Ce n'est pas facile pour le cavalier compatissant, mais il sait qu'il doit le faire. Nous vous bénissons, vous les volontaires, en ces heures critiques de l'Opération Sauvetage. Comme vous dites, « accrochez-vous ». Cela en vaut la peine.

Chapitre 22

Attendez-vous à voir échouer la conflagration qui a été planifiée puisque pareil événement ne peut se produire que si un ennemi armé se présente. En pratique, que feront les forces des ténèbres s'il n'y a pas de résistance armée ? Par le passé, des conflits de ce genre se sont produits ; mais le résultat final n'est rien qu'on souhaite voir se répéter. À l'époque, ceux qui s'étaient appropriés le rôle de gouvernants ne connaissaient aucun autre moyen d'opposition contre les forces d'énergie dénaturée et il en résulta deux maux qui n'égalèrent pas un bienfait. Vous devez absolument réaliser que la résistance armée est dérisoire. Ceux d'entre nous chargés de prêter main-forte pour résoudre cette situation ne l'appuieront pas. Il faut être très clair sur ce point, même si nous vous avons déjà fait connaître notre position sur la question.

Quand les travailleurs de l'industrie sont aux prises avec une situation où les propriétaires et contremaîtres de la manufacture les oppressent, ils emploient une intéressante méthode de résistance. Cela s'appelle « la fausse soumission ». À long terme, c'est extrêmement efficace. Dans notre exemple, les employés ne font que ce qui leur est demandé. Ils exécutent les tâches qui leur sont assignées et rien de plus. Par exemple, si une machine tombe en panne, ils ne s'en occupent pas. Si un article de production est mal placé sur une chaîne de montage et qu'il se coince d'une façon ou de l'autre, ils n'interviennent pas. Non, parce que cela ne fait pas partie de leur fonction officielle. Ils font exactement ce qui leur a été demandé. Ils ne provoquent pas la situation ; ils laissent simplement les choses suivre leur cours. Ils n'offrent pas de résistance, juste une soumission totale ; la situation se détériore d'elle-même, entraînant son propre chaos. C'est une tactique intéressante à considérer.

Cette stratégie consiste-t-elle à tendre l'autre joue ? Pas vraiment ! C'est faire usage de sa compréhension d'une partie du processus de création manifestée, celle qui ne relève pas de la nature. Ce qui naît, par suite de concentration de la pensée, est maintenu grâce à cette concentration continue. La création se maintient tant et aussi longtemps qu'elle sert son objectif. C'est la concentration d'attention positive qui la maintient ainsi manifestée. Quand le support est retiré, elle retourne au chaos. Dans l'exemple qu'on vient de vous donner, les directeurs connaissent rarement les fonctions exactes de chaque travailleur ; et ils ne connaissent pas davantage les procédés de fabrication. Leur concentration se porte sur la manipulation du bilan comptable, sur les clients et les employés. Il n'y a pas assez de gens, ayant une intention positive, qui soient concentrés sur la manifestation pour qu'elle garde sa forme

Alors, en quoi cela diffère-t-il dans le cas de la nature ? La nature, c'est la Création s'exprimant selon sa propre harmonie. La nature n'a pas été créée par l'homme. La nature fait actuellement l'objet d'altérations par les scientifiques. Vous êtes-vous demandé pendant combien de temps les formes hybrides peuvent se maintenir ? Elles n'arrivent pas à se reproduire exactement. Les gènes doivent être combinés à nouveau et souvent sans parvenir à répéter les résultats antérieurs. Cela marche bien quand l'intention est en harmonie avec la nature, comme dans la production de fleurs d'une plus grande beauté et de couleurs différentes. Ici, l'intention est de glorifier et non d'exploiter le mécanisme de la nature. Le plus souvent, ceux qui aiment la plante coopèrent avec elle pour effectuer les changements heureux.

Cette discussion vise à attirer votre attention sur l'importance de l'intention de ceux qui désirent coopérer avec la Création en se focalisant sur la structure du nouveau paradigme. Nous suggérons qu'ils prennent la nature comme modèle ; ceci pourrait leur fournir un point de départ. En effet, comment la nature s'imbrique-t-elle dans l'ensemble de la Création ? Comment l'humanité pourrait-elle vivre en harmonie avec la nature plutôt que de tenter de la dominer ? Cela ne veut pas dire que la nature ne peut pas faciliter l'existence de l'humanité sur cette planète mais la relation devrait être réciproque.

La coopération avec la nature dans le cadre des lois de l'univers devrait être la règle dans le futur.

Mais quelles sont ces lois ? Où les humains peuvent-ils découvrir ces lois qui leur ont été cachées ? Vu le peu de temps qui reste, avez-vous le loisir d'étudier la nature, de tenter de la comprendre avec précision et ensuite de divulguer ces connaissances suffisamment rapidement ? N'oubliez pas que ce dont vous avez besoin est disponible, si vous le demandez. La Loi de l'attraction a déjà été mentionnée. Mais combien de lois y a-t-il en tout ? Moins que vous ne le croyez. L'apprentissage de ces lois et de leur application permet d'accéder au prochain niveau dimensionnel où de nouvelles lois entrent en jeu, lois qu'il faut à nouveau apprendre et appliquer à l'expérience. Le nombre de lois applicables augmente à chaque niveau dimensionnel. Commençons donc une révision des lois qui régissent votre dimension. C'est une révision puisque vous les connaissez déjà ; mais vous les avez oubliées au cours de votre séjour en 3e dimension.

La Loi de l'ATTRACTION est la loi de création fondamentale. En termes simples, on l'exprime ainsi : « qui se ressemble, s'assemble ». La pensée, outil de base de la création, active la loi. Je crois que votre Bible dit : « L'homme est ce qu'il pense. » Vous renforcez le bourbier du mal si vous y accordez votre attention une fois que vous en êtes devenus conscients. C'est important que vous en soyez conscients, afin que vous puissiez retirer votre soutien en appliquant la deuxième loi de la création : la Loi de l'INTENTION délibérée.

Lorsque vous mettez, consciemment et délibérément, un terme à votre peur de la situation démoniaque et à la fascination qu'elle exerce sur vous, une fois que vous en êtes devenus conscients, vous utilisez cette 2e loi. Vous ne pouvez pas réussir cela en essayant d'arrêter d'y penser. Il est possible d'y arriver seulement en lui substituant une autre pensée portant sur un sujet complètement différent. Le plan maléfique requiert l'inclusion totale de ceux qui y participent. Les pensées de ces derniers n'ont pas d'importance en autant qu'elles soutiennent le plan d'une façon ou d'une autre. Croire que le bien de tous s'inscrit dans l'intention de ceux qui participent fait de vous des complices. Peut-être pouvez-vous maintenant vous rendre compte du pouvoir de votre sympathie envers ceux qui souffrent dans le monde ? Votre sympathie entretient la mentalité de victime, alors qu'il s'agit en fait de complicité inavouée. Dans les cas de pauvreté, catastrophe naturelle ou guerre, ne considérez-vous pas les gens aux prises avec ces difficultés comme étant des victimes ? Vous devez respirer profondément et accepter le rôle que vous jouez en entretenant leur perception d'être des victimes impuissantes. Ces individus ont eux aussi une responsabilité dans la création de leurs situations. Votre sympathie ne guérira pas leurs malheurs ; c'est votre choix conscient de créer un nouveau paradigme d'expérience qui le fera. Cessez de vous concentrer sur les problèmes et tournez votre attention vers la création d'une nouvelle expérience. Cela modifiera la situation beaucoup plus rapidement que l'envoi répété d'aide, alors même que vous continuez de percevoir ces personnes comme de pauvres victimes innocentes. Cela vous paraît-il cruel ? De notre point de vue, participer à la création de ces situations horribles est en soi une chose odieuse. Vous devez choisir consciemment de donner suite à votre volonté de créer une expérience entièrement nouvelle, pour vous autant que pour eux. Quand vous choisissez de placer votre intention dans la création d'une nouvelle expérience, plutôt que dans le spectacle perçu par les cinq sens, vous retirez votre soutien et votre consentement à l'expérience à laquelle vous ne voulez plus participer. Vous utilisez la seconde loi de l'univers.

Ce sont les deux lois qui s'appliquent à la situation actuelle. Il y a encore deux autres lois qui vous seront communiquées en temps voulu. Il est important que nous progressions en accord avec ces lois au fur et à mesure qu'elles s'appliquent. Il est important aussi que vous réalisiez que les lois de l'univers sont immuables. Elles ne peuvent être ni changées ni altérées. Elles fonctionnent, peu importe qui les applique. Quand vous observez le plan maléfique déployé autour de vous, vous pouvez voir ces lois en application. Le principe « Qui se ressemble s'assemble » et l'intention d'agir permettent de créer les situations. Cependant, nous avons tenté de vous faire comprendre qu'il existe des nuances dans ces lois qui permettent à la Création de continuer. Prenez conscience du rôle que joue le libre arbitre dans toute situation et comprenez-le ; ensuite, servez-vous-en à bon escient. Avec cette combinaison de facteurs, nous avons une possibilité de variations infinies dans la Création et il en résulte un mouvement expansif.

Nous espérons que vous considérerez les implications de cette information et que votre compréhension s'en trouvera plus claire et votre détermination plus forte pour servir aux côtés de notre équipe gagnante.

Chapitre 23

La dernière fois que nous avons eu l'occasion de discuter face à face avec ceux qui sont derrière ce complot, c'était dans le cadre d'un genre de conférence. À ce moment-là, ils furent informés que nous étions absolument au courant de ce qu'ils tramaient. Nous leur avons dit que leur tentative était futile, mais leur choix fut de poursuivre leur dessein. Nous ne pouvions rien faire, étant donné que le libre arbitre est un élément à ne pas contrôler dans le plan d'évolution universel. Maintenant, la situation est telle que leur plan est devenu un danger évident, quoique leur objectif de créer un univers négatif/ une galaxie négative ne puisse toutefois pas être atteint. Par contre, le seul fait qu'ils essayent peut créer un chaos inimaginable. Ne prenez pas cette information à la légère. C'est une situation très sérieuse. Ce n'est pas la faute des habitants de la Terre ; c'est simplement que cette planète avait la conscience et le type de corps physique manifesté qui réunissaient les critères idéaux pour accomplir leur plan. Ils n'en sont pas à leur première tentative de s'emparer de cette planète et de ses habitants pour les utiliser à leurs fins. Cette affaire remonte loin dans votre histoire. Ils étaient alors très avancés au plan technologique mais ils ne comprenaient pas les humains, ce qui vous permit de les repousser. Malheureusement, l'humanité choisit à ce moment-là la force pour y arriver et, ainsi faisant, sa psyché s'est trouvée imprimée de la croyance que la force était une façon de résoudre n'importe quelle atteinte à sa liberté. D'une certaine manière, cette perception créa des liens qui vous unissent encore à eux.

Cette fois, ils croient que leur erreur précédente dans l'évaluation de leurs proies ne se répétera pas car ils vous ont bien étudiés. Ils connaissent chaque faiblesse et l'exploitent pour leurs bénéfices. Cependant, leur intention était d'obtenir votre coopération plutôt que de provoquer votre résistance, jusqu'à ce qu'il soit trop tard pour vous de faire volte-face. Ils ont soigneusement établi leurs plans pour vous ensevelir sous une avalanche de sensualité et de matérialité. Ils ont particulièrement mis l'emphase sur la sécurité au détriment du risque aventureux, sauf dans le cadre des paradigmes militaires. Alors, vous achetez des polices d'assurance pour toutes les portions risquées de votre vie enrégimentée. Vous dépendez de l'intoxicant système de chèques de paie et de la Sécurité Sociale. (Notez leur utilisation des lettres majuscules, comme lorsque vous vous référez à Dieu. Même l'omniprésent Père Noël porte ses lettres majuscules.) Vos héros sont tous des vedettes de cinéma ou de sport très bien payées. Sont-ils tellement aventureux ? Vos superstars à figure de héros sont droguées et adultères au su et à la vue de tous, de même que votre vedette présidentielle (président des É.-U.). Souvenez-vous que si vous pouvez être maintenus au plus bas niveau de votre dimension, vous ne pouvez pas tirer avantage du saut dimensionnel possible lors du changement de cycles ; par contre, vous pouvez être entraînés vers un niveau de vibration encore plus bas. À ce point-là, leur intention est de séparer l'énergie de l'âme de celle du corps. Ils n'ont aucune intention de la réintégrer dans un autre corps. Ils comptent utiliser cette énergie-là comme carburant pour inverser la polarité du chaos qu'ils entendent créer de positif à négatif. Ils croient que plus la vibration est basse, plus elle s'approche du point fixe et plus elle est malléable. Toutes ces théories découlent de leur tentative d'étudier la Création à rebours, soit à partir de la manifestation et en remontant jusqu'à l'élan créateur.

Heureusement, leurs plans contiennent plusieurs calculs erronés, mais tout de même pas suffisamment pour éviter de créer un grand chaos s'ils progressent davantage. Ici encore, nous faisons face à l'obstacle du libre arbitre, l'ingrédient clé qui a servi à créer la situation et celui qui peut causer l'autodestruction. Les êtres de cette planète détiennent cette clé magique en eux-mêmes. La situation telle qu'elle vient de vous être présentée présage vraiment un avenir très pauvre.

Voici maintenant l'autre version venant du côté de la Création. Cette version est aventureuse, positive et remplie d'opportunités. Elle passe à l'action non pas selon d'interminables plans précis mais selon un mode fluide et expansif. Elle adopte une allure créatrice qui permet une expérience individuelle et collective agrandie plutôt que la suppression et la destruction. Souvenez-vous de l'image de l'étang ! L'autre équipe doit contrôler les ondulations de l'extérieur vers l'intérieur alors que NOUS pouvons leur causer de sérieux problèmes de flot en utilisant juste un petit caillou, une idée, découlant de la pensée créatrice centrée. Nous avons ici deux modes de mouvement opposés à l'intérieur de la totalité de la Création. Maintenant que vous voyez la situation dans son ensemble, pour quel côté allez-vous parier ?

Ce n'est pas que notre équipe n'ait pas quelques problèmes à résoudre de son côté, mais nous possédons la conscience expansive naturelle innée qui s'harmonise avec l'expérience de Vie voulue. Comment réveille-t-on une personne hypnotisée, même si sa conscience a l'air de dormir sous l'effet de l'hypnose ? N'est-ce pas d'un claquement des doigts ? Mais ce déclencheur ne doit-il pas avoir été précédemment programmé ? Pas nécessairement ! Leur déclencheur prévu, c'est la réalisation soudaine par les masses qu'elles sont absolument contrôlées – une émotion dont ils entendent se nourrir avec beaucoup d'enthousiasme. Alors, nous avons été très occupés à déclencher en vous cette réalisation de manière lente et régulière pour ne pas les alerter au danger que cela représente pour l'efficacité de leur déclencheur. Vous souvenez-vous de la théorie du 100e singe ? Il s'agit d'une nouvelle idée qui fait lentement son chemin dans la conscience collective et se répand jusqu'à ce qu'un nombre critique de personnes la saisissent, ce qui provoque l'éveil de toute la masse. Devinez quoi ! Nous désarmons leur déclencheur. Vous rendez-vous compte de l'éveil qui se fait en ce moment ? Vous espériez une réalisation soudaine alors que nous mettions l'opposé en marche. Nous planifions des surprises de notre cru. C'est en fait gratifiant, ou amusant comme vous dites, d'être du côté gagnant et de le savoir.

Maintenant, il est temps de commencer à préparer la prochaine étape de création d'une nouvelle vision en vue d'éveiller la conscience des habitants de la Terre. Un nouveau paradigme d'expérience ! À quelle vitesse doit-il se déplacer dans l'échauffourée ? Ne vous en faites pas avec ça pour une minute. Faites simplement votre part et tout tombera en place au bon moment. Les événements prendront de la vitesse, une fois que la première entaille dans leur plan aura été pratiquée. Souvenez-vous simplement que nous ne sommes pas impotents. Mais nous devons jouer le jeu selon les règles qui assurent le succès. Ce n'est pas le cas pour nos adversaires ! N'oubliez pas que le Créateur doit conserver tous ses fragments, même ceux qui sont nos adversaires apparents. Il ne peut s'arrêter de prendre soin de toutes les parties de Son être entier.

*Notez que nous utilisons le masculin quand nous parlons du Créateur, tout au long de ce texte. L'acte de créer est un attribut du foyer masculin, alors que la capacité de contenir (dans l'utérus) la création de la fonction masculine est l'attribut féminin. Le Créateur masculin et la mère Terre illustrent ceci. Il y a donc équilibre dans l'intégrité de l'expérience. Nous aimerions que les femmes sur Terre en viennent à comprendre ceci et qu'elles y trouvent bientôt leur équilibre.

Que ces lueurs de compréhension soient pour vous des bénédictions, alors que vous continuez de remplir vos engagements en cette merveilleuse occasion. Poursuivez sans relâche !

Chapitre 24

Dans le cadre de ces messages, nous entendons révéler la structure fondamentale de la façon dont nous pouvons vous assister pour provoquer les ondulations de transformation qui se propageront dans la conscience collective. Souvenez-vous que lorsque le caillou est lancé au départ, les premières ondulations semblent passablement anodines ; mais dans les moments qui suivent, les cercles qu'elles dessinent vont en s'élargissant de plus en plus. Ce phénomène se produit si les eaux de l'étang sont tranquilles. La conscience populaire est affectée à l'heure actuelle d'une transe qui l'immobilise, cette dernière résultant de la méthodologie utilisée par les planificateurs de cette situation. Ceci n'inclut pas ceux qui sont impliqués dans les guerres locales, c'est vrai, mais nous parlons ici de l'ensemble des milliards de personnes sur la planète. Vous devez aussi vous souvenir qu'il y en a beaucoup qui ne sont pas rejoints par les médias de communication ; ainsi, ils ne savent rien de ce drame. Donc, la surface de la conscience populaire demeure passablement calme. C'est pourquoi il est impératif que nous accomplissions maintenant nos objectifs de déclencher une métamorphose dans la conscience personnelle d'individus clé. C'est sur la modification lente et indécelable des schémas de pensée de chaque individu venant en contact avec cette connaissance que se fonde notre processus de reconstruction de la pensée. Les causeries radiophoniques ainsi que les données disponibles sur l'Internet relatives à la situation créent un impact ; de plus, il y a du matériel imprimé et visuel additionnel pour ceux qui ont besoin de comprendre et d'évaluer plus profondément l'information de mise en alerte. Ce format rejoint un nombre incalculable d'individus qui détiennent déjà cette information aux niveaux conscient et subconscient. Leur degré de dénégation au niveau conscient n'importe pas pour le moment dans la séquence des événements. L'information est enregistrée dans la mémoire ; ils s'en souviendront au moment opportun lorsque certaines nouvelles diffusées ou certains événements de leur vie viendront la déclencher. L'Internet rejoint toute la planète et l'intérêt grandissant pour l'information disponible permet de jauger la soif de savoir et indique un peu ce qui se passe. S'il vous plaît, notez qu'en cas de retrait d'un des animateurs de causeries radiophoniques, son remplaçant se met en place et s'active immédiatement. Les bénévoles reçoivent des occasions d'agir mais les remplaçants, eux, sont en position et déjà en fonction, non en attente. Notre opération n'est pas bâclée et pauvrement planifiée. Nous savions que l'opposition concentrait ses énergies pour établir ses plans et les réaliser. En les observant, nous préparions aussi des plans afin de profiter de toute possibilité de mettre fin à leur entreprise au plus tôt. En fait, une partie d'échec de grande envergure est en cours depuis très longtemps, selon vos calculs du temps. Nous en sommes maintenant à jouer les derniers coups.

Si vous comprenez bien la structure de fond du plan, vous aurez deviné que votre rôle dans l'initiation de cette phase est celui du premier caillou. Un petit groupe bien centré sur une stratégie pour provoquer une mutation dans la conscience collective composée de milliards d'unités de conscience est en effet un caillou minuscule. C'est l'aspect centré qui fait toute la différence, spécialement quand cet aspect est en harmonie avec l'objectif sous-jacent du Créateur. Le caillou grossit à mesure que s'accroît le nombre de participants au projet. Mais si le caillou a touché la surface de l'étang de la conscience collective des habitants de la planète, il n'a pas encore atteint le niveau de surface de l'étang de la conscience de la planète elle-même.

Le niveau d'éveil de la conscience de la Terre est un tout autre sujet qui ne fut jamais exploré par l'humanité séjournant sur la planète et créant la civilisation actuelle. Les « prêtres » du passé connaissaient le sujet et le comprenaient mais ils ne passèrent pas l'information.

De même que des êtres illuminés ont transcendé l'expérience de 3e dimension et se dévouent maintenant à la tâche d'assister les Terriens dans leur processus, ainsi y a-t-il aussi des foyers de conscience qui jouent ce rôle auprès de la planète elle-même. Ils sont absolument conscients de la situation et leur influence ne s'est pas encore fait sentir. Ce que vous croyez être des influences impliquant la Terre elle-même n'est encore que ses réactions normales à l'abus extrême qu'elle subit et aux schémas déformants qui résultent de cet abus. Si les changements désirés n'apparaissent pas dans la conscience populaire en réponse à l'action entreprise, alors un caillou d'origine différente produira les ondulations voulues sur l'étang conscient et il y aura en effet des mouvements à ce niveau-là qui ne seront pas tendres envers les humains. Malheureusement, les foyers de conscience agissant à ce niveau ne tiennent pas compte des individus comme tels. Alors, tous les Terriens vivront ces événements et leur survivront ou non ; cela dépendra de leur intuition qui peut les aviser de l'endroit, du moment et de la nature de ce qui s'en vient. Mais il est encore possible de renverser les plans visant l'utilisation abusive des habitants et de la planète sans toutefois recourir à pareil niveau d'action.

Comme vous pouvez le constater en lisant ces messages, cette situation présente de multiples niveaux d'engagement et nous avons à peine éraflé la surface. Nous ne voulons pas vous écraser sous le poids de l'information mais seulement vous présenter ce qui vous sera utile pour comprendre que vous n'êtes pas abandonnés mais complètement soutenus, afin que vous soyez libres de saisir l'opportunité de transcender les cycles. Il n'est pas nécessaire que tous les êtres humains reçoivent cette information en vue de participer à ce moment-ci. La plupart ne peuvent même pas l'envisager. C'est pour ceux qui y sont réceptifs et qui trouvent un réconfort de savoir que leurs efforts sont reconnus et appuyés. Pour la plupart, vous avez continué à remplir vos engagements sans savoir pourquoi ou comment le faire, mais vous avez sauté sur l'opportunité et continué parce que vous saviez que c'était ce que vous « deviez faire ». Ça, c'est du courage et cela ne passe pas inaperçu alors que l'aventure tire à sa fin.

Nos bénédictions à tous ceux qui lisent et prennent cette information en considération car elle est offerte à partir d'un foyer d'amour, la source même de cette opportunité à travers l'expérience.

Chapitre 25

Maintenant que vous commencez à comprendre le format de base sur lequel repose votre forme de coopération avec l'ensemble, il est possible de pousser l'exploration à d'autres paliers d'information. Ils ne se situent pas au niveau de l'activité physique ; ils couvrent le secteur plus important de l'utilisation de la pensée créatrice. Puisque vous êtes un fragment focalisé de la conscience du Créateur, le moment est maintenant arrivé de commencer à vous acquitter de votre objectif, celui de donner toute sa dimension au concept de l'hologramme qui a été votre véhicule de voyage dans l'expérience humaine en 3e dimension.

Ce procédé ne doit pas peser sur votre conscience ni provoquer de la résistance. Vous connaissez déjà ces concepts à des niveaux plus profonds et ils vous sembleront plutôt familiers pourvu que vous relaxiez et suiviez le texte. Les mots déclencheront le processus de souvenance. Vous comprenez déjà qu'un fragment peut révéler le tout auquel il appartient selon le procédé holographique. En projetant de la lumière au travers du fragment, l'image du tout d'où provient le fragment est reproduite afin de révéler sa nature. Si l'on accepte ce principe, vous êtes donc vous aussi la représentation du Tout qui vous a projetés. Si c'est exact, alors comment peut-il y avoir diversité dans ce que vous voyez autour de vous ? Est-ce que ce ne devrait pas être un monde de copies identiques ? Si la Source du tout qui se reproduit ainsi se limitait à une facette de l'expérience, alors ce serait le cas.

Cependant, si cette Source est intégralement multidimensionnelle et que, de ce fait, une multitude de formes d'expression s'offrent à elle pour être explorées, alors c'est chaque fragment projeté qui vient illustrer ce champ illimité de possibilités. La pensée procure la mobilité qui permet à la Création de se déverser dans la manifestation. La pensée a la capacité de penser en elle-même et d'elle-même. C'est une autre manière de décrire le libre arbitre. Alors, ces niveaux d'activité additionnels permettent l'existence d'une infinie variété.

Maintenant, si tout cela est vrai, pourquoi chaque fragment n'est-il pas absolument unique en son genre ? Vous avez été créés à l'image et à la ressemblance de ce qui vous a projetés en existence. Ici, nous voyons à l'œuvre la Loi de l'attraction des similarités qui diffèrent en certains points. Si cet aspect était absent, il n'y aurait donc pas d'échange de pensée et la Création serait juste un champ illimité de diversité sans rapport. Entre en scène ce que vous appelez l'intelligence, qui n'est rien de plus que la pensée pensant en elle-même et observant sa propre observation d'elle-même – une activité en spirale. La pensée focalisée crée sa propre manifestation ; elle y parvient en ralentissant son taux vibratoire jusqu'au niveau le plus bas où elle peut encore exprimer son intention. À ce point-là, la pensée manifestée ne peut plus percevoir sa Source. Elle est dans un état de conscience pensante qui lui permet de se percevoir elle-même ainsi que son environnement immédiat. Vous diriez qu'elle a oublié, puisqu'elle ne peut plus se souvenir clairement de la nature de sa Source. Elle est devenue un fragment dans un monde manifesté. Comme il s'agit d'une pensée projetée, elle doit maintenir sa connexion afin de demeurer en manifestation. Moyennant cette connexion, ce fragment a la potentialité de focaliser intentionnellement ses propres procédés de pensée en direction de sa Source pour alors commencer à « se souvenir » de ce qu'il est, c'est-à-dire une pensée pensant à l'intérieur d'elle-même et par elle-même.

Puisque la projection holographique est un mécanisme d'extension vers l'extérieur du mouvement de la pensée, la tendance naturelle est de poursuivre le mouvement sur sa lancée vers l'extérieur par l'utilisation, dans ce scénario-ci, des outils sensoriels, afin de penser (d'observer). En fait, nous pourrions continuer à écrire livre après livre pour couvrir l'historique de la planète à ses débuts et l'histoire de ses habitants, mais ceci nous éloignerait de l'objectif de ce message. Nous soulignons ce point pour vous aider à réaliser que vous expérimentez communément la pensée pensant en elle-même et d'elle-même parce que c'est exactement ce que vous êtes. Les expériences diverses que vous créez font suite à vos choix. En pensant et en choisissant, chacun expérimente différemment des situations communes. C'est le flot naturel de la Création en elle-même.

Ceci paraît idéaliste, considérant la situation actuelle qui vous entoure. Lorsque de nombreux êtres humains (qui sont en fait des extensions de pensées provenant de foyers dimensionnels plus élevés) entrent en interaction, des formes de pensée combinées évoluent. Ces formes de pensée en mouvement se comparent à votre processus de respiration. Elles se déploient jusqu'à un certain point, relaxent et se contractent ensuite pour revenir à l'état de repos. Participant à ce processus, vous expérimentez ce que vous appelez les pôles positif et négatif. C'est un lent processus en spirale, tout comme le mécanisme de la respiration qui devait vous assister dans un lent processus en spirale.

Si ce sont là les paramètres de l'expérience, vous pouvez commencer à vous rendre compte que la phase de contraction/ relaxation de votre processus à ce point-ci de l'expérience planétaire ne se déroule pas normalement. Elle est en effet très tordue. La liberté dans le processus de choix de pensée que vous vouliez vous donner a été violée. Ce sont des couches de pensées tordues en phase de contraction qui ont dépassé le point de repos qui normalement leur aurait permis de revenir au mode expansif. Espérons que vous pourrez maintenant superposer cette compréhension à l'expérience planétaire. Si oui, vous verrez qu'ils doivent vous permettre d'atteindre le point de repos pour arriver à leurs fins, c'est-à-dire causer un renversement des pôles en se servant des opportunités que le chaos qu'ils ont planifié leur présentera. Leur technique idéale pour y arriver est de suffoquer la plus grande partie de la conscience planétaire en suffocant la conscience de la majorité de ses habitants. Ceci doit coïncider avec la fin ou le changement d'un cycle créatif majeur dans la galaxie. Leur plus grande faiblesse se situe au niveau du timing et de la méthodologie utilisée, car lorsque la conscience est forcée à la contraction au-delà de la norme universelle et qu'elle atteint un point de repos momentané, elle cherche alors une expansion réactionnelle de proportion majeure (pensez au besoin incontrôlable d'inspirer de l'air quand les poumons ont été compressés). Des déclencheurs soigneusement placés dans cette même conscience contractée peuvent assurer cette expansion. Bienvenue du côté gagnant ! Concentrez et manifestez ! Allez-y !

Chapitre 26

La compréhension accrue au sein du groupe clé de visionnaires permet maintenant de commencer à concentrer sur la conception du nouveau paradigme d'expérience. Comme d'habitude, plusieurs recevront cette stimulation cosmique et les candidats souhaitables répondront quand l'opportunité de participer se présentera. Retenez que cette démarche continue se déroulera par phases, en un mouvement transcendant calme et subtil, dans la conscience individuelle comme dans la conscience collective. N'espérez pas le type de réaction où les gens adhèrent en masse à la nouvelle pensée. La nouvelle conscience s'épanouira dans un murmure. Ici encore, pensez en termes de modèles qu'on voit à l'œuvre dans la nature. Quand vous observez la nature, vous voyez des spirales se développer lentement, comme dans la forme de certains coquillages par exemple. Nous retrouvons également cette forme quoique invisible dans la fonction respiratoire. Ce mécanisme démarre à la naissance et soutient chaque forme mammifère durant toutes les étapes de sa vie. Observez également le processus de naissance sous l'angle de la respiration : l'expansion et la contraction causent une poussée vers l'objectif dans une spirale transcendante, permettant ainsi l'achèvement du processus. Vous verrez l'expiration de l'information conceptuelle, l'inspiration de la réflexion, puis encore une expiration et une inspiration de discussion partagée, se dirigeant vers le foyer désiré de nouvelle expérience. L'intention, alimentée par le désir d'une nouvelle expérience, créera le processus qui s'appuie sur les foyers provenant de multiples niveaux de conscience qui supportent la volonté que cette situation se transforme en un nouveau paradigme.

Le moment est venu de prendre conscience d'un concept auto saboteur qui doit être corrigé pour assurer le succès. Une information erronée implantée il y a longtemps par les religions sur votre planète vous amène à croire que l'assistance focalisée qui vous est offerte arrive de l'extérieur. Vous observez votre ciel, la nuit, avec toutes ces lumières qui vous entourent, et vous présumez que l'aide vient de là-haut. C'est possible en effet de faire des échanges énergétiques au niveau de la manifestation ; cependant, le flot de la Création se déverse de l'intérieur vers l'extérieur. C'est un processus expansif. Revoyez encore le flot allant venant qui constitue le mécanisme de la respiration.

Vos hommes de science croient que les trous noirs consument et détruisent la matière, etc. Ce qu'ils observent est plutôt l'évidence du mécanisme respiratoire qui porte les changements en mouvement spiroïdal vers des dimensions vibratoires plus élevées. Des champs d'énergie appropriés sont en même temps engagés dans le processus. Si tout était énergie, alors ce qui est observé aurait été « dévoré » il y a longtemps par un seul trou noir. (Ici encore, vous pouvez commencer à saisir la magnitude des plans que le foyer sombre essaie de réaliser en tentant de renverser le mouvement de cette galaxie pour la pousser dans une réalité opposée, selon un procédé allant à l'encontre du flot créateur.) Ce que les scientifiques perçoivent comme étant un compactage de l'énergie en une minuscule balle de poids moléculaire massif, est bien sûr absurde. Selon le mécanisme de conversion, l'énergie prend de l'expansion en rehaussant ses niveaux vibratoires pour enfin s'établir dans un nouveau paradigme d'expression. Est-ce que cette galaxie, ou une petite portion de la galaxie, est engagée dans un trou noir ? Ils ne le savent pas. Et si c'était vrai ? Si cela se produisait, ce serait difficilement une expérience d'enfer.

Retournons à nos moutons. Affirmer que notre plan est en marche ne signifie pas que les contacts conscients avec les êtres en apparence compétents qui partagent notre but et notre dévouement soient presque achevés. Ce processus de conception est justement le propos de ces leçons. Ce qui doit être accompli à des niveaux plus subtils dépend de la bonne marche du processus selon les paramètres définis. Nous encourageons le partage de cette information entre ceux qui sont engagés. Les messages forment un tout très révélateur mais chaque chapitre est complet en lui-même, comme il se doit. Les mots codés qui peuvent déclencher le système de surveillance ont été évités pour la plupart et les références aux êtres et aux procédés « qui nous intéressent » sont faites le plus subtilement possible. Il est temps d'éliminer complètement l'usage de ces termes puisque notre concentration d'intention se porte sur l'information qui vous éduque et vous informe sur votre vraie nature et sur les formes énergétiques et les fonctions de la Création dont vous faites intégralement partie.

Clarifions un point. Ce n'est pas « Dieu » qui vous parle directement dans ces messages. Votre notion d'un dieu est le produit d'un mélange mal compris et confus d'informations erronées. Celui qui pourrait personnifier le Créateur de cette galaxie n'est pas le point focal intégral de Tout ce qui est. Pour rendre ceci compréhensible, prenons encore une fois comme exemple le mécanisme de la respiration. La Source de Tout ce qui est, l'énergie qui soutient tout, est potentialité pure ; elle existe à des niveaux encore plus fins même, au-delà du perceptible, car la percevoir serait la limiter. Au niveau conceptuel, la respiration est expansion : vous expirez, vous vous reposez, vous inspirez, vous vous reposez et vous répétez. Nous permettant une généralisation, nous dirions que la possibilité d'absorber la potentialité pure est à son meilleur aux moments de repos. Pendant toute la période d'expression de la Potentialité dans l'expérience, des consciences à divers degrés d'éveil ont entamé leur voyage de retour, en réalisant en premier lieu qu'elles étaient de minuscules fragments holographiques de leur Créateur. Ce Créateur est à son tour un fragment minuscule d'un foyer de Potentialité plus fin et plus englobant qui soutient une plus grande Création, née à un certain moment de ce qui vit au-delà, dans un état impossible à connaître. Retournerons-nous à cet état impossible à connaître ? Est-ce là notre but, une fois arrivé aux limites les plus reculées de l'éternité ? Doutons-en car il semble que nous ayons justement besoin de l'opposé pour progresser et réussir le voyage de retour.

Vous devez vous souvenir également qu'une de vos plus grandes erreurs dans votre compréhension de la Création à ce niveau-ci tient à votre besoin de mesurer l'expérience de façon linaire ; c'est ce que vous appelez le temps. C'est aussi une grande barrière pour nous qui sommes trop intéressés à l'expérience pour s'embêter à la mesurer. Nous ne pouvons concevoir de raison de le faire car nous savons que l'ordre divin n'a pas de paramètres séquentiels.

Revenons à notre discussion portant sur votre concept de Dieu. Vous pouvez maintenant voir pourquoi nous avons substitué les termes « Création » et « Créateur » à celui de « Dieu » dans l'espoir que nous puissions commencer à modifier votre perception. Le mot « Dieu » en lui-même évoque des sentiments qui déclenchent un conflit intérieur chez plusieurs, puisqu'à un niveau profond, ils savent que les enseignements religieux ne leur ont apporté que confusion à travers une longue série d'expériences et leur ont fourni une représentation biaisée de la Source de leur origine. Il est important que ceux qui comptent faire arriver le nouveau paradigme aient au moins une perception claire de la nature de leur identité et de la Source de leur existence. Pour le moment, vous n'avez pas besoin de comprendre ce qui existe au-delà de cette galaxie ; il vous suffit de savoir que cela EXISTE. Notre intention est partie intégrante de la Création de notre Créateur. Cet être androgyne, s'exprimant ici dans son mode créatif masculin, peut être appelé Dieu mais franchement, nous recommandons un nouveau terme. Vous pouvez Lui adresser vos messages mais ils ne sont reçus que lorsqu'ils s'harmonisent avec son élan créatif. « En Son nom », une expression tirée de votre Bible, vous indiquait d'aligner votre foyer de prière sur sa vision. Vous devez faire une requête qui entend créer, en harmonie avec l'attitude suivante qui est Sienne : « Tout ce qui vous est nécessaire pour obtenir ce que vous désirez est à votre disposition. Vous êtes un fragment de Lui-même et à travers vous, Il (la conscience "Je suis" à laquelle vous êtes connectés, la Présence intérieure) fait l'expérience de l'expansion de la conscience qui est Vous/Lui dans son intégralité. » Lorsque vous agissez ainsi, vous partagez votre expérience avec la Source. Comme Elle, vous créez toutes vos expériences par attraction. Mais, c'est par l'utilisation de la Loi d'intention en coopération harmonieuse dans le cadre de Son mode expansif que vous créez des paradigmes d'expérience significatifs ou nouveaux.

Nous espérons que cette information constituera une bénédiction qui vous apportera une compréhension plus étendue de votre identité et de votre nature ! Votre héritage est fabuleux. Célébrez-le !

Chapitre 27

Vous aurez surmonté un grand obstacle à votre progrès le jour où votre perception du temps s'ajustera pour inclure la possibilité d'abandonner la nécessité de mesurer des blocs d'expérience et de simplement permettre à votre expérience de s'écouler parce que le temps sera devenu pour vous un élément négligeable. Il y a très longtemps, l'axe de la planète n'était pas incliné ; donc, les saisons telles que vous les connaissez à l'heure actuelle n'existaient pas. Les animaux et les plantes vivaient dans des zones à climat plus modéré, mais la végétation était plus prolifique et, en vertu de l'adaptation, elle s'étendait plus loin que vous ne le croyez dans les régions plus froides. L'inclinaison a eu pour conséquence l'apparition des saisons, un bloc d'expérience de plus pour mesurer le temps.

Des jours et des nuits qui se succèdent et une température à peu près constante permettent de laisser tomber l'habitude de mesurer le temps comme c'est le cas dans une expérience de survie. Avant que l'énergie de compétition n'ait été biaisée, la coopération était une clé de l'existence. Quand on observe les styles de vie des indigènes qui vivent sous les tropiques de votre planète, on note moins d'emphase sur le calcul du temps et plus de coopération entre les groupes. Il y a moins de compétition entre les groupes que vos films ne le montrent – excluant des régions comme l'Afrique parce qu'il s'y trouve des influences programmées de l'extérieur. Ces considérations sont à inclure dans votre nouveau paradigme. Plus le déséquilibre des habitants de la planète est grand, plus le déséquilibre de la planète dans son ensemble l'est aussi. L'opportunité de rééquilibrer les habitants ainsi que la planète se présentera au changement des cycles galactiques. Ceci ne veut pas dire que la planète se redresserait nécessairement de 23 degrés pour retrouver l'équilibre parfait, mais certains changements pourraient en effet se produire.

Il est intéressant de noter qu'une proposition venant de ceux qui épousent les « vues politiques libérales » préconise l'élimination de la compétition dans les expériences éducationnelles de vos enfants. La résistance est vigoureuse. Évidemment, il y a des motifs ultérieurs à tout ceci car les enfants s'en trouveraient plus passifs et donc de moins en moins créatifs. Les compétitions athlétiques font ressortir le désir d'excellence chez les participants et ce désir se transpose ensuite dans d'autres domaines. Ce bloc de résistance est plus important que leurs plans ne l'avaient anticipé. Commentaire intéressant : les plus grandes améliorations de style de vie et les meilleures productions artistiques et musicales se produisent au cours des longues périodes de paix, quand la compétition ne s'exprime pas sous forme de conflits guerriers. L'histoire de la Chine présente de longues périodes de liberté, sans interférence venant d'autres groupes culturels et peu d'intermariages avec des conjoints venant de groupes extérieurs. Malheureusement la surpopulation fit contrepoids ; de plus, ces améliorations n'étaient pas largement disponibles pour tous les citoyens. Néanmoins, la concentration s'était tournée vers l'intérieur, vers la contemplation et le désir d'une plus grande expérience d'élévation et d'une existence plus joyeuse. De grands accomplissements s'effectuèrent au cours de ces périodes.

Le nouveau paradigme doit inclure le désir d'élever

l'expérience humaine au-dessus de la pensée dominante et des modèles de comportement qui forcent la répétition des distorsions d'une génération à l'autre. Votre désir de le faire est évident si l'on considère la myriade de livres publiés sur l'auto guérison, les cassettes audio et vidéo et les sentiers bien battus qui mènent aux cliniques des psychologues et des psychiatres. L'approche se fait de l'extérieur vers l'intérieur en observant et en tentant de découvrir l'expérience enfouie qui a causé les habitudes réactives. Ici encore, envisager un nouveau paradigme et se concentrer sur son expérience plutôt que de corriger le passé autoriserait le nouveau royaume d'existence désiré. Cependant, même si cela se faisait, la capacité de maintenir un niveau différent d'expérience dans l'environnement immédiat serait certainement difficile. Quand il y a plus d'un crabe dans le panier, aucun ne peut s'en échapper ; il en est ainsi de l'expérience humaine. Le nouveau paradigme doit provenir de la convergence du désir d'un groupe de personnes qui coopèrent dans la présentation d'un objectif clairement formulé qui peut être soutenu en pensée sur une période de temps suffisamment longue pour l'amener en manifestation.

Vous pouvez maintenant saisir que ce que le groupe initiateur doit accomplir est de définir clairement un objectif qui rejoint et attire tout le monde. Vous trouverez ci-après la reproduction d'un essai écrit en 1899, bien avant la communication instantanée. Il fait état de ce qui s'est passé lors de sa publication dans un magazine de peu d'importance. Son titre : « Un message à Garcia. » Si ce message inspirant a pu voyager autour du globe à l'époque, pensez à l'effet qu'un message bien orienté pourrait faire dans le cadre de notre objectif ! Pourtant, la première étape nécessaire était bien la distribution de l'information qui fait état de l'existence de planificateurs maléfiques et de leurs actions, et vous êtes allés aussi loin que vous le pouviez dans votre recherche. Ceci n'a pas produit une réponse réactive. C'est aussi bien ainsi car, comme nous l'avons dit plus tôt, les rôles de victimes et de martyrs que cela aurait pu engendrer ne font pas partie du vrai paradigme d'expérience dans le flot créateur. Ce qui est nécessaire, c'est qu'un événement charnière prenne place avant la fin des cycles. Il n'a pas besoin de s'accomplir simultanément pour tous. C'est préférable qu'il se produise comme un événement individuel dans la conscience de chacun. Ce processus ne le rend pas moins un moment charnière. Il établirait une fondation pour les transformations déterminantes encore plus profondes de la conscience qui sont à venir dans l'expérience séquentielle.

Nous vous rappelons de nouveau que le libre arbitre permet à ceux qui le veulent de demeurer dans le modèle d'existence actuel. Ne vous en faites pas pour eux. L'ingrédient de libre arbitre dans la soupe de l'expérience nous enseigne une autre loi universelle, celle du LAISSER-ÊTRE (non-interférence). La responsabilité personnelle est justement PERSONNELLE. Ceci veut dire que chacun fait le choix de son expérience et qu'il n'est pas responsable de l'expérience des autres. Tous peuvent participer ou non à une expérience de coopération à l'intérieur d'une vision collective. Cependant, choisir de ne pas participer a ses conséquences. Ceux qui choisissent délibérément de soustraire leur participation à l'effort de mettre fin au présent paradigme pourront continuer quelque part ailleurs selon un format quelque peu différent. Ils peuvent choisir leur mode d'expérience dans cette situation. La Loi du laisser-être est la plus difficile à apprendre au niveau de la 3e dimension en vertu du besoin profondément ancré de contrôler. Mais c'est justement la pratique de cette loi qui permettra de transcender ce besoin.

À ce point-ci de la discussion, nous en venons à la situation des enfants maltraités. Les enfants sont sous l'influence des systèmes de croyance de leurs parents. Ce que les parents croient et ce sur quoi ils se focalisent décide des expériences du groupe familial. L'information sur l'histoire familiale passée est encodée dans la combinaison des gènes, ce qui explique que certains événements se produisent pour certains membres de la famille et non pour les autres. Ceci montre bien qu'élever des enfants veut dire d'avantage que de traiter avec les enfants, qu'ils aient été désirés ou non. C'est la responsabilité personnelle de chaque parent et des deux parents ensemble d'élever les enfants en comprenant le vaste réservoir d'influences qu'une telle entreprise implique.

Il est important à ce moment-ci de discuter le fait que certains mots ne portent pas de majuscules dans le texte. Nous voulons que ce matériel soit aussi libre que possible de toutes connotations religieuses. Des expériences actuelles et passées de manipulation et de contrôle par les prêtres entraînent l'arrêt immédiat de la circulation d'information bienveillante, ou de sa déformation si elle présente ces connotations, étant donné l'information erronée qui fut divulguée sur celui que vous appelez « Dieu » et son soi-disant contrôle. Nous pouvons vous assurer que le « créateur » n'en a cure que vous l'honoriez en utilisant les majuscules ou non lorsque vous vous référez à lui. Il est beaucoup plus intéressé de voir si oui ou non vous vous harmonisez avec l'écoulement de sa pensée créatrice. Il y a un problème parce que les mots mêmes que vous choisissez pour indiquer que vous êtes conscients de ce flot d'énergie engendrent des sentiments réactifs. On n'y peut rien, alors au moins supprimons les majuscules. C'est un déclencheur qu'il vaut mieux garder inactif.

Notre intention est que cette discussion continue vous apporte une compréhension grandissante de l'objectif qui se dresse dans votre avenir immédiat. Nous espérons qu'elle renforcera et soutiendra votre engagement à continuer à progresser le long du sentier d'achèvement de ce segment de l'expérience. Cependant, ne comptez pas sur de longues vacances à la fin.

Un message à Garcia
Par Elbert Hubbard (Frère Elbertus)
The Roycrofters
East • Aurora • Erie • Covray • NY

Explication

Cette bagatelle littéraire, Un message à Garcia, fut écrite un soir après le souper, en une heure seulement. C'était le 22 février 1899, le jour de l'anniversaire de Washington, et nous allions imprimer le Philistine, édition de mars. L'article jaillit droit de mon cœur. Je l'ai écrit à la fin d'une journée difficile, alors que j'avais entrepris d'entraîner quelques villageois plutôt délinquants à renoncer à leur état comateux pour commencer à rayonner.

La suggestion immédiate, pourtant, vint d'une petite discussion au moment de prendre le thé, quand mon garçon Bert suggéra que Rowan était le vrai héros de la guerre de Cuba. Rowan était parti seul et avait fait ce qu'il y avait à faire – il avait livré le message à Garcia.

Cela me vint comme un éclair ! Oui, mon garçon a raison, le héros est l'homme qui fait le travail, celui qui livre le message à Garcia.

Je me suis levé de table et j'ai écrit Un message à Garcia. J'en pensais si peu de choses que nous l'avons imprimé dans notre magazine sans lui donner un titre. L'édition sortit, et bientôt des commandes commencèrent à entrer pour des copies supplémentaires du Philistine de mars, une douzaine, cinquante, cent ; et quand la American News Company en commanda mille, j'ai demandé à un de mes aides quel article avait soulevé la poussière cosmique. « C'est l'affaire Garcia », dit-il.

Le lendemain, un télégramme arriva de George H. Daniels, de la compagnie New York Central Railroad. Il écrivait : « Donnez-nous le prix pour 100 000 articles Rowan, en format pamphlet, avec l'annonce publicitaire 'Empire State Express' au verso, ainsi que la date de livraison la plus rapprochée. »

Je répondis en donnant le prix et en déclarant que nous pourrions livrer les pamphlets dans deux ans. Notre entreprise était petite et 100 000 livrets semblait une énorme affaire.

Finalement, je donnai la permission à M. Daniels de réimprimer l'article à sa manière. Il le publia en format livret et en imprima des lots d'un demi million de copies. Deux ou trois de ces demi millions furent expédiés par M. Daniels ; de plus, l'article fut réimprimé dans plus de 200 magasines et journaux. Il a été traduit dans toutes les langues écrites.

Au moment où M. Daniels distribuait le Message à Garcia, le Prince Hilakoff, directeur du réseau ferroviaire russe, était dans notre pays. Il était l'invité de la New York Central, et faisait le tour du pays sous la direction personnelle de M. Daniels. Le prince vit le petit livre et fut intéressé, probablement plus parce que M. Daniels le distribuait en si grand nombre qu'autrement.

En tout cas, quand il revint chez lui, il le fit traduire en russe et une copie du livret fut donnée à chaque employé de chemin de fer de Russie.

D'autres pays firent de même ; de la Russie, le livret passa en Allemagne, en France, en Espagne, en Turquie, en Hindoustan et en Chine. Durant la guerre entre la Russie et le Japon, chaque soldat russe qui alla au front reçut une copie du Message à Garcia.

Les Japonais, trouvant le livret en possession des prisonniers russes, conclurent que ce devait être une bonne chose, et le traduisirent donc en japonais. Et sur l'ordre du Mikado, une copie fut donnée à chaque homme à l'emploi du gouvernement japonais, soldat ou civil. Plus de 40 millions de copies de Un message à Garcia ont été imprimées. On dit que ce fut la plus vaste distribution d'une œuvre littéraire d'auteur dans toute l'histoire, le tout grâce à une série d'incidents chanceux !

E.H.
East Aurora,
1er décembre 1913

Un message à Garcia

Dans toute cette affaire cubaine, il y a un homme qui se découpe sur l'horizon de ma mémoire comme Mars en périhélie.

Quand la guerre se déclara entre l'Espagne et les États-Unis, il était impératif pour le président américain de communiquer rapidement avec Garcia, le commandant des insurgés. Ce dernier était quelque part dans les repères de montagne de Cuba – personne ne savait où. Aucune lettre ou télégramme ne pouvait le joindre. Le Président McKinley devait s'assurer de sa coopération, et rapidement. Que faire ?

Quelqu'un dit au président : « Il y a un type du nom de Rowan qui trouvera Garcia pour vous. Si quelqu'un peut le faire, c'est lui ! »

On fit venir Rowan et on lui remit une lettre à porter à Garcia. Rowan prit la lettre, la scella dans un sac en toile cirée, l'attacha près de son cœur et prit la mer ; quatre jours plus tard, il accosta par barque, de nuit, sur la côte de Cuba, disparut dans la jungle. Trois semaines plus tard, il ressortit de l'autre côté de l'île, après avoir traversé à pied un pays hostile et livré la lettre à Garcia. Comment y arriva-t-il ? Je ne désire pas particulièrement vous raconter cela en détails. Le point que je désire souligner est celui-ci : McKinley donna à Rowan une lettre à livrer à Garcia ; Rowan prit la lettre et ne demanda pas : « Où se trouve-t-il ? »

Par l'Éternel, voici un homme dont la forme devrait être immortalisée dans le bronze et sa statue placée dans chaque collège de ce pays. Ce n'est pas la connaissance des livres dont les jeunes hommes ont besoin, ni d'apprendre ceci ou cela, mais un redressement des vertèbres qui les rendra loyaux, qui les fera agir promptement et concentrer leurs énergies. « Allez : portez un message à Garcia. »

Le général Garcia est mort maintenant mais il y a d'autres Garcia. Aucun homme qui a tenté de bâtir une entreprise qui requerrait plusieurs mains, n'a échappé à la complète décontenance face à l'imbécillité de l'homme moyen — son incapacité ou son indisposition à se concentrer sur une chose et l'exécuter.

Assistance bancale, stupide inattention, rude indifférence et travail à moitié fait semblent la règle ; et aucun homme n'a de succès à moins d'y aller par la force ou la menace, ou en soudoyant d'autres hommes pour l'assister ; ou parfois encore, Dieu dans sa bonté fait un miracle et lui envoie un ange de Lumière pour l'assister.

Vous, lecteur, faites le test. Vous êtes actuellement assis à votre bureau. Six commis sont à portée de voix. Appelez-en un et faites-lui cette demande : « S'il vous plaît, regardez dans l'encyclopédie et rédigez-moi un bref mémo sur la vie de Correggio. » Est-ce que le commis dira tranquillement : « Oui, Monsieur », et se mettra à la tâche ?

Je le gage sur votre vie : il ne le fera pas. Il vous regardera de son œil de poisson et posera une ou plusieurs des questions suivantes : Qui est-il ? Quelle encyclopédie ? Ai-je été engagé pour ça ? Ne voulez-vous pas dire Bismark ? Pourquoi est-ce que Charlot ne le ferait pas ? Est-il mort ? Est-ce urgent ? Ne devrais-je pas vous apporter le livre pour que vous le fassiez vous-même ? Pourquoi voulez-vous savoir cela ? Et je vais vous gager dix conte un qu'après que vous aurez répondu aux questions et expliqué comment trouver l'information, et pourquoi vous la voulez, le commis partira et ira chercher un autre commis pour l'aider à trouver Correggio. Puis, il reviendra pour vous dire que cet homme n'existe pas. Bien sûr, je peux perdre mon pari, mais suivant la loi de la moyenne, je ne perdrai pas. Maintenant, si vous êtes brillant, vous ne vous embêterez pas à expliquer à votre assistant que Correggio est classé dans les « C », et non dans les « K ». Vous sourirez très gentiment et vous direz : « Oublie ça ! » et vous irez chercher vous-même. Et cette incapacité d'action indépendante, cette stupidité orale, cette infirmité de la volonté, ce manque de désir d'attraper avec plaisir et de lancer — ce sont ces choses qui reportent le socialisme pur loin dans le futur. Si les hommes ne peuvent agir pour eux-mêmes, que feront-ils lorsque le bénéfice de leur effort ira à la masse ?

Qu'est-ce qui tient plus d'un travailleur à sa place ? Un bras droit possédant une main de fer et la peur de se faire « virer » le samedi soir. Placez une annonce pour un sténographe, et neuf sur dix qui se présenteront pour obtenir l'emploi ne peuvent ni épeler ni ponctuer et ils ne pensent pas que c'est nécessaire.

Une telle personne peut-elle écrire une lettre à Garcia ? « Vous voyez ce comptable ? », me dit le contremaître d'une grande manufacture. « Oui, et alors ? »

« Bien, c'est un bon comptable. Mais si je l'envoyais en ville pour une commission, il se pourrait qu'il le fasse. D'un autre côté, peut-être aussi visiterait-il quatre bars en chemin, et quand il arriverait à la rue Principale, il aurait oublié pourquoi il est là.» Peut-on faire confiance à un tel homme pour porter un message à Garcia ?

Nous avons récemment entendu beaucoup de sympathie larmoyante exprimée envers les « citoyens exploités dans certains ateliers » et les « vagabonds sans abris qui cherchent un travail honnête », et tout ceci est souvent accompagné de mots durs envers les hommes au pouvoir.

Rien n'est dit de l'employeur qui vieillit avant son temps alors qu'il tente en vain d'aider Tibert Bon-à-rien à faire un travail intelligent et sa longue et patiente recherche pour trouver « l'aide » qui ne fait rien d'autre que de critiquer quand l'employeur a le dos tourné. Dans chaque magasin et chaque manufacture, un processus d'élimination est constamment en marche. L'employeur est constamment à renvoyer «l'aide » qui a montré son incapacité à ajouter aux intérêts de l'entreprise, et il en engage d'autres. Peu importe si l'entreprise va bien, cette sélection continue ; seulement, si les temps sont durs et que le travail est rare, la sélection est plus sévère – et vont à la porte, à jamais à la porte, l'incompétent et l'indigne. C'est la survie du meilleur. Comme il surveille ses intérêts, l'employeur garde les meilleurs, ceux qui peuvent porter un message à Garcia.

Je connais un homme très brillant qui n'a pas la capacité de diriger sa propre affaire ; de plus, il est absolument sans valeur pour qui que ce soit d'autre car il porte constamment en lui cette suspicion folle que son employeur l'oppresse ou a l'intention de l'oppresser. Il ne peut donner d'ordres et il ne peut en recevoir. Si on devait lui donner un message pour Garcia, il répondrait probablement : « Porte-le-lui toi-même ! » Ce soir, cet homme déambule dans les rues à la recherche d'un travail ; le vent s'infiltre sous son vieux manteau. Ceux qui le connaissent ne veulent pas l'employer car il est un fomenteur de troubles. Il ne connaît pas la raison ; la seule chose qui puisse l'impressionner, c'est le bout d'une botte à semelle épaisse.

Bien sûr, je sais qu'une personne si déformée moralement mérite la pitié ; mais dans notre pitié, versons aussi une larme pour les hommes qui s'efforcent de maintenir une grande entreprise, ceux dont les heures de travail ne s'arrêtent pas quand le sifflet de fin de quart retentit et dont les cheveux blanchissent trop tôt en raison de la bataille qu'ils livrent pour tenir en ligne l'indifférent mal fagoté, l'imbécile crasse et l'ingrat sans cœur, qui tous s'en iraient affamés et sans abri si ce n'était de l'entreprise.

Ai-je parlé trop durement ? C'est possible. Mais quand le monde aura dégénéré, je désire dire un mot de sympathie pour l'homme qui réussit — l'homme qui, envers et contre tout, a dirigé les efforts des autres et, ayant réussi, découvre qu'il n'en a rien tiré d'autre qu'une pitance. J'ai transporté ma boîte à lunch et j'ai travaillé comme journalier et j'ai aussi été un employeur, et je sais qu'il y a des choses à dire des deux côtés. Il n'y a pas d'excellence dans la pauvreté en soi : les guenilles ne sont pas recommandables ; et tous les employeurs ne sont pas des rapaces et des rustres, pas plus que tous les pauvres hommes ne sont vertueux. J'apprécie grandement celui qui fait son travail quand le patron est absent aussi bien que lorsqu'il est là. Et l'homme qui, lorsqu'on lui donne une lettre à remettre à Garcia, prend la missive tranquillement, sans poser de questions idiotes et sans arrière-pensée de la jeter dans l'égout le plus proche ou de faire n'importe quoi d'autre que de la livrer, qui n'est jamais mis à pied ou qui n'a pas à faire la grève pour obtenir un meilleur salaire. La civilisation est une longue recherche anxieuse d'individus comme celui-là. Tout ce qu'un tel homme demande devra lui être accordé. On désire sa présence dans toute ville, tout village et tout hameau – dans chaque bureau, boutique, magasin et manufacture. Le monde le veut : on a besoin de lui. Le monde a grand besoin de cet homme qui peut porter « Un message à Garcia ».

Chapitre 28

À mesure que votre besoin de mesurer le temps perd de son

importance, le dynamisme de vos expériences du nouveau paradigme vous portera gentiment à abandonner le mode matérialiste qui vous tient fermement sous la coupe des oppresseurs déviants. La poursuite de la création de royaumes personnels et la compétition pour en créer un qui offre plus d'opulence et des plaisirs physiques plus importants vous ont emprisonnés. Ce sont des mirages pour remplir le vide intérieur. Des messages subliminaux sont insérés dans tous les messages commerciaux pour maintenir votre dépendance au matérialisme. Le tissus d'informations et de mensonges enchevêtrés et empilés les uns sur les autres rappelle la fable du lion et de la souris (Note de la traductrice : C. S. Lewis : Les Chroniques de Narnia). Le lion de l'humanité est allongé par terre, attaché aux pieux et retenu solidement par le filet de la distraction du mental. Dans l'histoire originale, il a suffi d'une petite souris pour ronger les cordes et libérer le lion. Dans notre version, ce sont les discussions radiophoniques, l'information disponible sur l'Internet et la publication de livres et de vidéocassettes qui constituent la souris. L'information partagée est basée sur l'expérience personnelle et la recherche d'informations archivées disponibles pour qui veut en profiter. L'intégrité du filet est menacée. Une fois le lion libéré, ce dernier connaît le pouvoir de la petite souris ; alors tout peut arriver. Malheureusement, il y a plusieurs filets en place, à moins que nous ne prenions l'histoire en charge et ne changions le scénario.

Le but de ces messages est d'encourager et d'informer, non d'éduquer selon le mode en cours chez vous. Il n'y a pas d'intentions subversives subliminales cachées dans nos messages. Ce que vous êtes venus accomplir dans cette vie est programmé aux niveaux profonds de votre conscience. Nous remplissons simplement notre engagement en vous rappelant ceci, en vous guidant et en dirigeant vos actions. Quand l'énergie est utilisée à réagir à ce qui a l'air d'être un danger imminent, l'élan se perd. Nous avons convenu que notre rôle serait de vous faire part de la vue que nous sommes privilégiés d'avoir à partir d'une dimension qui englobe une plus grande vision de la situation. Nous voyons des schémas d'énergie en mouvement dans un hologramme et nous pouvons modéliser les diverses possibilités qui s'offrent à vous. C'est un avantage. L'objectif de cette information est de partager aussi clairement que possible ce qui est permis selon les lois universelles qui gouvernent le libre arbitre.

Nous trouvons que les histoires allégoriques sont faciles à retenir et qu'elles collent bien au sujet en général. Nous sommes limités à celles dont le traducteur de cette information se souvient. C'est un procédé de dictée/traduction/transcription dont la portion traduction est l'élément le plus critique. Il est important que cette personne continue d'emmagasiner de l'information pour élargir la « base de données » disponible. Une direction lui est offerte vers le matériel approprié.

Cela fait partie des directives permises de porter à votre attention les déviations dans les schémas qui peuvent être corrigés car il appartient à votre libre arbitre de le faire ou pas. Vous faire parvenir l'information est un problème énorme. Il nous est impossible de venir discuter avec vous face à face pour plusieurs raisons, mais surtout parce que les schémas de victime et de martyr ne font pas partie de notre expérience et qu'ils seraient l'aboutissement final. En conséquence, nous proposons ce processus comme moyen plus efficace, quoiqu'il n'offre pas d'échange mutuel possible jusqu'ici ; mais ce n'est pas nécessaire.

Nous pouvons aussi porter beaucoup d'informations à la conscience de ceux qui sont engagés dans le projet. En acceptant cette mission et en s'engageant à participer et à mener le projet à terme, chacun se retrouve avec une matrice énergétique modifiée et cela se voit. En outre, une ligne de communication s'ouvre et il en résulte un changement d'activité dans les états dimensionnels intérieurs (sommeil) et dans les activités dimensionnelles extérieures durant le jour. On notera plusieurs transformations dans ces vies, allant de l'ordinaire aux changements majeurs d'attitudes et de choix d'activités. Comme les activités physiques et mentales changent, l'intention et l'engagement deviennent plus centrés et un effet spiroïdal commence à se produire dans les niveaux de conscience. Vous êtes soutenus dans ce processus !

C'est avec une vive inquiétude que nous portons à votre attention le fait que les lignes de communication ouvertes sont maintenant très contrôlées. Leur intention est d'identifier ces individus encore inconnus qui diffusent l'information qui contrecarrent leurs plans. Pour l'instant, ils en sont au stade de l'identification et ils ne sont pas encore passés au stade de la rétribution. Les raisons de vous accorder ce privilège de faire ce que vous faites ne sont pas connues à tous les niveaux d'oppression. Ils déploient encore davantage leur mécanisme de détection à partir des mots clés. Nous suggérons fortement que vous éditiez vos conversations verbales et écrites. Ils peuvent lire les livres avec des instruments électroniques mais ils portent particulièrement attention aux titres. S'ils sont suspicieux, ils font un balayage au scanner du prologue/de l'épilogue pour l'évaluer. Attendez-vous de voir les chaînes de librairies contactées et ordonnées de retirer certains livres de leurs tablettes et des razzias se produire à l'étape suivante aux niveaux des grossistes/ distributeurs. Espérons qu'ils seront sélectifs et ne prendront que certains articles individuels, quoique cela ne corresponde pas à leur mode d'opération. Ceci limitera votre liberté d'imprimer et de distribuer librement ; alors soyez créatifs dans l'utilisation des mots pour les titres, les prologues et l'information d'endossement. La situation suggère la possibilité d'installer des points de vente alternatifs, de choisir des titres différents pour vos livres et ainsi de suite, en vue de leur faire passer les deux premiers tests. Cet effort collectif présente des possibilités de réalisation si l'obstacle des profits à partager peut être franchi. Les considérations sont peut-être importantes si l'impression et la réimpression de nouveaux livres ou de vidéocassettes sont envisagées. La copie promotionnelle représentera un défi de créativité. L'inspiration intuitive est disponible sur demande. Souriez ! Vous êtes du côté gagnant !

Chapitre 29

C'est avec détermination que vous devez focaliser l'énergie d'intention pour implanter cette phase du projet. Il y a une nuance ici qui fait toute la différence. Quelqu'un peut avoir l'intention de faire quelque chose mais en fait ne jamais le faire. La détermination est l'étincelle qui tient l'intention à l'avant du champ d'activité dans la conscience. « Cette phase » se réfère à ce qui pourrait être appelé la deuxième couche d'activité vers l'initiation du projet. La phase de « répandre la nouvelle » ne cesse pas parce qu'une nouvelle phase a démarré. On superpose simplement le début de la phase suivante sur la première. La phase Un était pour ainsi dire la fondation d'une pyramide. Maintenant, nous entamons la construction du deuxième étage avant que le premier étage ne soit complété. Regardez comment un ordinateur dessine les graphiques. Cela commence et se poursuit mais pas toujours d'un mouvement totalement horizontal, une ligne à la fois ; à un moment donné, l'image est complétée. Ensuite, transposez le principe et appliquez-le en imagination à votre planète comme si c'était un hologramme. Visualisez où est allée l'information et « peignez » cette région. Si vous voyez la planète de couleur sombre et l'information en zones plus claires, vous avez une bonne idée de ce que nous voulons dire. Vous pouvez voir s'étaler les étincelles de lumière.

Même les gens qui ont reçu l'information et l'ont consciemment rejetée reflètent une certaine lumière ; elle attend de briller à pleine capacité. Vous avez de la difficulté à réaliser le vaste accomplissement que cette phase représente parce que vous ne pouvez pas savoir combien de gens elle a touchés et si ce mouvement continue de se propager. L'objectif du 100e singe est définitivement très proche. Des portions de la phase Deux sont déjà en marche et la dynamique va la propulser beaucoup plus rapidement que la phase Un. En raison de la prise de conscience provoquée par la phase Un, il y en a plusieurs qui attendent et se demandent qu'est-ce qu'ils peuvent faire, maintenant qu'ils sont au courant. Nous offrirons la réponse et cela leur semblera une chose facile à faire, car on leur demandera de faire quelque chose qui peut être fait en privé et sans attirer l'attention. Et c'est la chose la plus puissante qui doive être faite. C'est une étape charnière qui fait passer de l'attitude de victime à la réalisation du pouvoir personnel.

La grande résistance à l'information en phase Un venait du fait que chacun pensait qu'une révolution armée était nécessaire pour accomplir la transformation. Mais la transformation n'est pas notre but. Un nouveau paradigme d'expérience commence avec des techniques et des méthodes totalement différentes et il n'y a pas de contre-mesures en place une fois qu'il est démarré. Ce mouvement peut être contrecarré seulement par des mesures réactives qui constitueraient des déviations au plan négatif, ce qui sèmerait la pagaille. Le plan négatif va à l'encontre du flot d'énergie créatrice dans lequel il existe. Il requiert la continuité combinée à une ligne d'action définie avec beaucoup de précision. Ceci est absolument essentiel.

C'est avec plaisir que nous partageons ces portions d'information pour que vous puissiez commencer non seulement à comprendre la nature des plans négatifs mais aussi à percevoir leurs maillons faibles qui deviennent alors nos opportunités. Nous pouvons continuer à vous guider pour « ronger » vos liens en autant que vous le demandiez ! S'il vous plaît, souvenez-vous de le faire. Recevoir et s'engager est d'importance critique, mais souvenez-vous de demander. Votre gratitude est chaudement reçue et votre poursuite de l'action est grandement applaudie à bien des niveaux. Cependant, la clé est toujours d'utiliser votre libre arbitre pour faire vos choix.

Vous utilisez une comptine pour enseigner les lettres de votre alphabet, fondation de vos langages écrits. Nous désirons que vous appreniez à utiliser ce qui constitue le fondement de la conscience de soi manifestée. De même que vous devez apprendre à utiliser l'alphabet pour écrire une langue et les combinaisons de sons pour parler cette langue, vous devez utiliser les principes fondamentaux pour diriger le flot de la pensée dans l'énergie coagulée qui crée une expérience que vous appelez la vie. C'est l'utilisation de la potentialité sous-jacente à tout ce qui est connu à chaque niveau. Ceci s'accomplit selon un procédé mentionné précédemment et se retrouve à la base même de votre capacité de demeurer en vie dans votre forme terrestre. En termes simples, la potentialité est attirée par l'inspiration pulmonaire (expansion), le repos, l'expiration (contraction), le repos, et la répétition du mouvement. Le poumon constitue le récipient et le véhicule de mouvement. À son tour, il est contenu dans la totalité d'un véhicule d'éveil de conscience plus grand, le corps.

C'est un modèle matriciel qui se répète en une infinie variété. La difficulté est d'apprendre à apprécier cette variété chaque fois qu'on la rencontre et de se souvenir qu'elle est une manifestation spécifique d'un modèle matriciel de base. Cette difficulté est spécialement vive s'il y a distorsion des expressions particulières rencontrées au cours de l'expérience. Plus l'expérience est confrontante, plus il y a de distorsion, non seulement chez un participant à l'expérience mais chez tous les participants. La distorsion produit malheureusement des ondes excentriques qui vont en s'accaparant des groupes d'individus en interaction. Quand la distorsion interactive devient suffisamment importante, il faut pour la corriger qu'un grand nombre de ceux qui sont impliqués reviennent à la case départ de l'apprentissage et de l'application des lois fondamentales de l'expérience manifestée. Autrement dit, ils doivent étudier les lois universelles à nouveau et les appliquer. Devinez où vous en êtes sur votre planète ?

Heureusement, vous avez à votre disposition de puissants moyens de communication pour rejoindre beaucoup de monde, du moins pour le moment. Des pressions grandissantes, résultat de multiples couches d'oppression, créent de la tension à l'intérieur des citoyens qui peuvent encore être rejoints et il y a encore plusieurs façons de les atteindre. Il y a 100 ans, ceci n'aurait pas été possible même si la population était plus réduite. On n'appelle pas ces moyens de communication « médias de masse » pour rien. Il n'y a pas de raison que ces moyens ne puissent être utilisés dans un but contraire à celui qui est à l'origine de leur création. Peut-être même y a-t-il eu un apport d'aide pour faciliter leur utilisation sur une si grande échelle ? Cela se pourrait ! Nos conseils relatifs à divers domaines sont offerts sur demande. Où sont vos demandes ?

La longueur de ces messages quotidiens dépend de la quantité d'information qui peut être reçue et assimilée et de la concision du format du message. La clarté et la concision sont les objectifs, avec suffisamment de répétition pour assurer que l'information soit plantée en sol fertile. Sinon, nous utilisons une autre approche. Pour la majeure partie des gens, un nouveau foyer se substituant à l'ancien dans leur conscience est tout ce qui est requis. Pour d'autres parmi vous, il y a plus à faire. Vous vous êtes engagés dans l'action physique et dans la conception et la dissémination de ce nouveau rêve. Après tout, quelqu'un doit planter les graines de pensée qui renferment la génétique de ce nouveau paradigme si elles doivent croître, arriver à maturité et se re-semer d'elles-mêmes. Si vous lisez cette information, c'est que vous êtes choisis. Maintenant, la balle est dans votre camp et vous choisirez d'être choisis ou non. C'est à vous de décider selon votre libre arbitre.

Recevez nos bénédictions alors que vous assimilez cette information et la transmettez à d'autres pour qu'ils y réfléchissent. Selon votre expression : accrochez-vous, la ballade dans les montagnes russes ne fait que commencer. Vous n'êtes même pas encore rendus aux portions excitantes du trajet. Sachez juste que vous êtes bien attachés et que la ballade finira. Cependant, je doute que vous désirerez la voir se prolonger. Pas cette fois-ci.

Chapitre 30

Ces messages visent à divulguer l'information qui développera votre compréhension des plans et des attitudes et actions appropriées pour les groupes qui se forment. L'information couvre peu vos expériences personnelles et son application dans ce domaine. Cela ne veut pas dire que ce domaine importe peu. L'information nouvel âge, nous préférons le terme « nouvelle pensée » et même plus précisément « pensée remémorée », met l'emphase sur le besoin d'être équilibré et la nécessité de « vivre au moment présent ». C'est très vrai ! Comme nous l'avons souligné précédemment, tous les cycles du cosmos/de la galaxie convergent vers un point central d'immobilité ou d'équilibre parfait et s'en éloignent, tel un balancier. Pour que la galaxie soit en équilibre, les cycles demeurent également partagés entre ceux qui s'éloignent du point d'équilibre et ceux qui s'en rapprochent. Imaginez des gyroscopes en rotation, se déplaçant autour d'un énorme gyroscope central qui demeure en équilibre parfait et émet un pattern d'énergie qui retient tous ces autres gyroscopes plus petits dans sa sphère d'influence. Ces gyroscopes, tournant autour du gyroscope central, à leur tour retiennent une myriade de plus petits gyroscopes dans leur sphère d'influence. Pour que ce système entier poursuive son existence, le mouvement énergétique doit être également maintenu. Si un gyroscope perd l'équilibre au point de compromettre sa capacité de retrouver son aplomb, alors une compensation doit prendre place dans le système entier qui vise la retenue de ce gyroscope à l'intérieur du périmètre de sécurité. Cette explication est bien sûr une simplification de la situation mais cela vous permet de comprendre un peu mieux et d'imaginer la Terre qui penche de 23 degrés, approchant un point où elle perdra sa capacité de retrouver son équilibre.

Considérez un instant qu'à l'intérieur du tableau gyroscopique de la Terre, il y a 6 milliards de minuscules gyroscopes tournant sur leur axe individuel, leur équilibre influençant l'équilibre du plus gros, celui de la planète. Si la plupart d'entre eux sont déséquilibrés, alors naturellement, le plus gros ne peut pas rester en équilibre. Saisir cela vous amène à comprendre que la 4e loi universelle est celle de l'ÉQUILIBRE. La notion de passé, présent et futur est un modèle de pensée qui a une puissante influence sur l'équilibre ou le déséquilibre de l'expression personnelle. Ces aspects du temps sont incrustés dans la fonction de l'ego observateur car ils sont nécessaires pour diverses raisons de survie et de progrès. Exemples : vous vous souvenez de la brûlure, alors vous ne touchez plus au poêle ; vous désirez construire une plus grande maison pour votre famille, vous envisagez donc les étapes qui vous mèneront à l'expérience. Vous voyagez ainsi entre le passé et le futur. Cependant, il y a le moment présent dont vous faites l'expérience, qui n'est ni le passé, ni le futur. C'est votre point d'équilibre. C'est votre place de repos. Vous y retournez durant votre sommeil. À une certaine époque, les habitants s'activaient ou se reposaient en même temps que la Terre, ce qui apportait un plus grand équilibre au tout. Avec l'avènement de la lumière artificielle, cet équilibre n'existe plus. L'humanité est maintenant constamment en activité. D'abord avec l'ère industrielle, maintenant avec l'ère technologique, les heures de repos de la famille varient à l'intérieur même des foyers. En Extrême Orient, on pratique une technique d'équilibre, la méditation. Le groupe nouvel âge l'a vite adoptée. Les techniques sont souvent altérées et la conscience est envahie par le tapage des médias et elle est incapable de trouver son point d'équilibre tranquille dans la combinaison conscient/subconscient. L'entrée dans cet espace tranquille permet la connexion avec l'âme ; ainsi, l'équilibre peut être atteint au moins pour un court moment.

On atteint l'équilibre en comprenant et en pratiquant les trois lois universelles de base, soit l'attraction, la création délibérée (intention) et le laisser-être. Si vous revoyez les messages précédents, vous trouverez parmi l'information, des suggestions pour résoudre cette situation problématique des habitants de la Terre. Ceux qui participent au nouveau paradigme d'expérience devront se focaliser sur le moment présent pour le vivre. Seule la structure de base du paradigme sera révélée ; elle devra être étoffée par sa concrétisation dans le vécu, expérience par expérience. Ceci requerra de vivre dans la réalité du moment présent. L'équilibre sera atteint en faisant l'expérience de la pensée collective focalisée. Le passé ne pourra s'appliquer et le futur sera inconnu. Il ne restera que le présent.

Considérons l'achèvement du cycle galactique. Disposerez-vous seulement d'un court instant pour accomplir soit une grande ascension ou soit un effondrement dimensionnel épouvantable ? Cela dépend. Nous en revenons encore à votre fixation d'expérimenter en termes de blocs d'événements séquentiels mesurés. L'expression « le moment présent » est un terme mal approprié, une appellation inapplicable. Quand vous vous focalisez sur ce que vous pensez ou faites, sans conscience d'aucune autre activité, vous « oubliez l'heure ». Chacun d'entre vous en a fait l'expérience. C'est seulement à consulter votre outil à mesurer le temps, votre horloge, que vous avez une idée de l'heure qu'il est, autrement que par la présence ou l'absence de la lumière solaire. Si vous étiez tous complètement absorbés par ce que vous faites, que c'était le seul foyer de concentration requis et qu'il n'y avait pas de saisons pour vous troubler, cela vous importerait-il de savoir quel jour c'est ? Si ce sujet qui capte votre attention ouvrait la porte à un autre sujet, puis un autre, vous importerait-il de savoir le jour ou l'heure ? J'en doute. Si vous étiez en équilibre, le sommeil serait-il nécessaire ? Et la nourriture ? Et les loisirs ? Est-ce que toutes ces nécessités ne sont pas en fait simplement une recherche d'équilibre ?

Nous ne suggérons pas que vous deveniez des « praniques », autrement dit, que vous viviez uniquement d'air et d'eau fraîche. Ce sont simplement là des idées pour titiller votre imagination. Vos expériences sont tellement déséquilibrées qu'il vous est difficile d'imaginer ce qu'est l'équilibre à l'état éveillé en situation normale de 3e dimension. C'est beaucoup plus plaisant que l'expérience que vous en avez actuellement. Ne nous surprenons pas si vous voulez quitter cette dimension, pensant que le répit se trouve seulement ailleurs. Sans l'équilibre de l'expérience de 3e dimension, vous ne pourriez pas exister dans les dimensions plus hautes, avec ce format physique et cette conscience actuelle de vous-mêmes. Premièrement, vous devez vous équilibrer. Étant donné que vous êtes tous interconnectés, les individus qui ont atteint un état d'équilibre font face à d'insurmontables problèmes pour le maintenir. Il est indispensable qu'un plus grand nombre d'entre vous atteignent l'équilibre pour accomplir ce qui est requis dans le vaste ensemble.

La Bible vous avertit de ne pas offrir de « perles de sagesse » à ceux qui n'ont pas de connexion viable avec leur source de vie. Il est temps de rayer cette idée des livres. Il est temps d'aller à l'opposé et de le faire avec une terminologie pratique applicable. L'habitude a toujours été de cacher l'information derrière une terminologie ésotérique et religieuse pour que seulement quelques-uns y aient accès, de peur qu'elle ne se perde dans des interprétations individuelles qui pourraient la détruire. Autrefois, peu de gens savaient lire. Sans l'écriture, les histoires allégoriques étaient les seules méthodes de divulgation disponibles, même pour les enseignements fondamentaux. Elles contenaient des références aux activités de l'environnement culturel local et traçaient des parallèles que tous connaissaient et comprenaient. Même ces enseignements fondamentaux s'altérèrent quand les histoires furent racontées dans des milieux culturels qui ne correspondaient pas aux cadres dans lesquels les enseignements originaux avaient été placés.

Nous nous trouvons face à la nécessité de réintroduire ces bases. Un excellent moment pour prendre un nouveau départ, n'est-ce pas ? L'attraction, l'intention et le laisser-être menant à l'équilibre par l'application dans l'expérience. Un doctorat en lois universelles conduit définitivement à l'ascension vers des dimensions plus hautes. Bienvenue dans la cordée des ascensionnistes !

Chapitre 31

Nous entamons la période qui verra les énergies moduler, ce qui ouvrira la porte aux jours de tribulations. Malheureusement, certaines des prédictions se rapportant aux plans de l'opposition se manifesteront. Bien qu'elles semblent indiquer que la situation soit irréversible, ce n'est certainement pas vrai. À ce moment-là, il sera impératif pour ceux d'entre vous qui sont informés des manœuvres qui se font derrière le rideau de scène et qui en font partie, de s'en tenir fermement à la compréhension et à la croyance que ces manœuvres existent vraiment et qu'elles servent définitivement à établir les fondations d'un nouveau paradigme. Nous pouvons illustrer le nouveau schéma d'expérience par un magnifique château apparaissant au milieu d'une scène d'activités confuses et frénétiques. Il est à peine visible au début. Ce tableau a peu de ressemblance avec le schéma du nouveau paradigme ; il s'inspire plutôt du mythe de Camelot, une fantaisie bien connue présentant des idéaux attrayants qui font rêver. Il doit émerger des brumes d'une imagination centrée, au beau milieu d'une apparente réalité. C'est la compréhension que nous désirons communiquer. Si vous n'êtes pas un mordu de Camelot, choisissez-vous une autre image.

Choisissez le phœnix peut-être, mais assurez-vous qu'il se transforme et s'élève au bon moment, évitant ainsi d'être réduit en cendres. Nous voudrions mettre l'emphase sur le fait que le rêve est déjà en train de se manifester avant même que l'indésirable n'ait été désintégré. La concentration de ceux qui croient et savent que cela existe en effet et que c'est en chemin, est d'importance capitale, même s'ils sont peu nombreux. En choisissant différentes représentations mais de même essence, le processus est alors tenu en place jusqu'à ce que l'objectif soit défini et qu'il devienne l'idéal.

Définir l'objectif ne sera pas une démarche facile. Plusieurs versions seront proposées avant que la formulation idéale ne soit trouvée. Nous voulons ici encourager certains à commencer, car un premier pas doit être fait pour qu'il y ait progression vers l'objectif d'établir le nouveau paradigme. La clé réside dans sa brièveté et son attrait universel pour les 6 milliards d'êtres différents. Quoique cela semble impossible, nous vous assurons que c'est possible. Nous vous rappelons de demander d'être guidés et aidés au cours de ces sessions. Les ego doivent occuper la position de l'observateur car le crédit de la rédaction n'ira à personne en particulier. La motivation reposera sur le désir de présenter le message dans toute sa perfection. Son unique raison d'être est de réunir les consciences présentes sur Terre dans un foyer d'expression d'une expérience plus grande. Nous prenons encore une fois le mécanisme de la respiration comme exemple. Le message sera absorbé (inspiration) par la prise de conscience, contemplé (repos), exprimé (expiration) par le désir de le voir se manifester dans chaque réalité personnelle et ensuite, chèrement soutenu pendant que sa manifestation prend place. Nous aimerions qu'il soit autre chose qu'une bouée de sauvetage pour des êtres qui se noient ; mais c'est l'expérience que vous avez créée.

L'appel à tous qui est lancé utilisera l'approche de l'universalité de vision. La concentration sur cet aspect commencera à attiser le sentiment d'unité chez les êtres de la planète. L'évidence que tous font face aux mêmes dilemmes commencera à poindre, à mesure que le sentiment irritant qu'il y a quelque chose de sinistre dans l'air continue à s'intensifier. Ce sentiment fera prendre conscience que les causes de tout ceci sont au-delà des paramètres locaux, régionaux ou nationaux. L'oppression se fait sentir avec une intensité de plus en plus grande. Qu'advient-il des peuples indigènes ? Comme nous l'avons mentionné auparavant, ils savent déjà. Leurs shamans ont déjà le message et sont conscients que le nouveau paradigme est en train de naître. Ils sont bien en avance sur vous et sont déjà au travail pour l'exprimer. Leurs gens sont éveillés et déjà en harmonie avec la démarche. Ne vous en faites pas pour eux.

La survie est leur manière de vivre. Vous pourriez vous retrouver dans une position où vous regretterez de ne pas vous être incarnés dans une société indigène dans les jours qui s'en viennent (j'ai bien dit pourriez !). Comme vous provenez tous de la même source, vous êtes donc connectés et vous communiquez à des niveaux subtils. La conscience populaire demeure toujours connectée à la Source à certains niveaux, même lorsqu'elle est manipulée par la contrainte. C'est par ces connexions que nous pouvons arriver à produire des changements subtils qui établiront la fondation des changements futurs aux niveaux conscients. Les oppresseurs doivent travailler aux niveaux du mental alors que nous pourrions dire que nous avons accès aux niveaux du cœur. Le cœur ressent. Un sentiment peut transformer les croyances contenues dans le mental. Quand un sentiment vibre à travers un être à un certain niveau, ce sentiment l'emporte sur la croyance. L'être rejette simplement la croyance et s'abandonne au sentiment qui l'entraîne vers une nouvelle conclusion. Le sentiment d'oppression surpassera bientôt l'insistance du mental qui vous assure que tout va bien et que le grand frère gouvernement arrangera les affaires pour le bénéfice de tous. Le magicien est à la veille de perdre son masque de noirceur ; on le verra pour ce qu'il est, en pleine clarté, et ce ne sera peut-être pas au moment de son choix.

Puisque vous vivez sous le contrôle du temps, nous devons en tenir compte. La série d'actions et d'événements, reliés les uns aux autres et interactifs, entre maintenant dans une phase cruciale. Il est important que chacun de vous sente l'inspiration, l'urgence divine, de faire avancer ce projet. Les dominos sont en place et un simple petit coup de pouce suffira pour déclencher leur voyage séquentiel. Nous devons anticiper le positionnement des quelques derniers pour que le plan sombre ne puisse être déployé et arriver à sa conclusion prédéterminée. Si quelques-uns des éléments clés peuvent être retirés, alors la séquence planifiée tournera en débâcle et une confusion glorieuse en résultera, le moment parfait pour un nouveau paradigme de prendre forme au milieu de tout cela. Cependant, sa conception devra avoir été achevée et le processus de naissance devra avoir bien démarré aux niveaux subtils.

Il est difficile d'insister sur l'importance de diverses facettes sans devenir répétitif dans la diffusion de l'information contenue dans ces messages. Nous savons aussi que certains d'entre vous qui lisent ce matériel n'ont pas eu accès à l'information précédente ; donc, nous essayons d'inclure ces personnes en répétant l'information. La fenêtre temporelle qui s'est ouverte pour cette seconde phase, centrée sur la verbalisation du rêve collectif, se rétrécit sans cesse. Nous sentons donc qu'il est nécessaire de continuer de sonder et de tourmenter si nous ne voulons pas la voir se refermer avant l'achèvement de la phase. Le chaos régnerait alors certainement et il est impossible d'imaginer combien la naissance du nouveau paradigme pourrait devenir difficile. La période de chaos pourrait s'étirer sur une période péniblement longue selon votre mesure du temps. Ce n'est pas cette information qui importe, c'est la conception et l'achèvement de la rédaction de l'objectif ! Nous ne voulons pas voir cette information enregistrée à la Librairie nationale. Nous préférons qu'elle soit transmise sur une base personnelle à ceux qui en ont besoin. Le texte est volontairement écrit de manière à exclure les mots qui déclenchent les systèmes de surveillance des communications pour que le message rejoigne facilement ceux qui sont choisis. Nous désirons être très clairs là-dessus. Notre messager traducteur (celui qui canalise les messages) passe beaucoup de temps à rechercher des synonymes pour varier les mots utilisés dans chaque document. Ce qui vous semble à vous juste quelques paragraphes suppose une grande attention dédiée à l'aspect de prudence. Le but de l'information pèse lourd sur cette conscience ; cependant son engagement porte le projet jour après jour vers son achèvement. Nous trouvons que l'engagement des lecteurs est le même et qu'ils sont en fait reconnaissants.

C'est votre détermination à mettre au monde ce nouvel archétype d'expérience qui tient en place les progrès déjà accomplis et fait en sorte que la construction du modèle se poursuive. Visualisez un flocon de neige qui commence seulement à se cristalliser à partir d'une goutte d'eau ; c'est une œuvre unique en cours de réalisation. Vous surveillez non seulement la création de quelque chose dont la beauté n'est à nulle autre pareille, mais vous fournissez la concentration d'énergie qui lui permettra de se produire. Comment pourriez-vous cesser d'être une partie importante de cette merveilleuse démonstration ?

Chapitre 32

Il y aura énormément de turbulence et de confusion lorsque arrivera le moment de ce que nous appelons l'effondrement de vos systèmes de communication, de services et de ravitaillement. Il vous revient, à vous qui êtes bien conscients de cette possibilité, de vérifier votre situation personnelle et de vous préparer en conséquence. Nous sommes surpris de constater que vous savez tout cela mais que chacun assume que cela arrivera à d'autres mais pas à lui/elle. Vous êtes au courant de l'existence d'outils ou de machines variés qui vous assureraient de couvrir vos besoins utilitaires; même des systèmes combinés sont disponibles. Le projet ne basculera pas dans la nouvelle conscience avant que le style de vie actuel ne soit démoli. Il y aura une période de chaos. Sa durée dépend de l'achèvement des phases deux et trois, la conception du nouveau paradigme et ensuite sa propagation par le biais des prises de conscience chez les humains. Vous vous doutez bien que si les communications sont relativement faciles avant la démolition, elles seront au mieux difficiles après la démolition. Il est essentiel que vous réalisiez vraiment que cette menace approche et que vous commenciez à vous préparer avec autant de concentration et de promptitude que possible. Nous avons dépassé depuis longtemps le syndrome du « Je peux difficilement attendre que cela arrive, mais je n'ai encore tout simplement pas le temps de m'y préparer. » Vous devez soigneusement revoir vos priorités et vous souvenir que la survie et la transcendance d'autant de personnes qui le désirent repose sur votre engagement. Ceci veut dire qu'ils doivent occuper leur corps pour réussir. C'est en effet une lourde responsabilité, mais nous vous rappelons encore que toute l'aide possible est disponible si vous la demandez et si vous « faites votre part ».

Il semble nécessaire de vous rappeler aussi que les discussions de la phase deux doivent se dérouler dans des endroits qui ne sont pas susceptibles d'être munis de systèmes d'écoute. Nous vous suggérons de visionner le film « Ennemi de l'État » (version française de Enemy of the State) ; écoutez attentivement quand le personnage Brill décrit le potentiel des instruments électroniques. Il passe une liste en revue à toute vitesse; vous devez donc être très attentifs. On a aussi vu cette séquence lors de l'émission de télévision présentant le tournage du film. Dans une scène, Brill rappelle au héros que les instruments électroniques dont il parle étaient disponibles des années auparavant. Cependant, il n'était pas possible de les utiliser sur une vaste échelle jusqu'à tout récemment. Mais, la sophistication développée depuis excède la démonstration offerte dans le film. Vous êtes tous observés et quand vous vous rencontrez, vous pouvez être sûrs qu'ils s'intéressent à vos discussions. Nous préférerions que ce projet se poursuive discrètement aussi longtemps que possible. Si ceci semble mélodramatique, qu'il en soit ainsi. Demandez le discernement, puis visionnez le film et vous comprendrez.

Si nos planificateurs arrogants étalent leur méthodologie juste sous vos yeux, assumant que les cerveaux endormis font peu de différence entre la programmation de leur mental et le divertissement, il n'y a aucune raison pour que nous n'utilisions pas cette information à notre avantage. Quand vous demandez le discernement dans le cadre de nos objectifs, la capacité d'interpréter et de visualiser des manières d'appliquer les lois existantes vous ouvrira des avenues pour éviter leurs pièges. Ce sont des inventions du camp opposé ; elles contiennent donc des éléments d'autodestruction, même si elles paraissent bienfaisantes. De même que l'intention divine renferme en elle-même l'impulsion d'auto expansion, l'opposé contient les tendances d'autodestruction. Quand la polarité négative prend de l'ampleur, alors ses tendances innées en font autant, et il en va de même pour la polarité positive. C'est dans le juste milieu, entre ces deux tendances, que la spirale d'évolution existe.

Il est important ici de noter que la signification du mot évolution a été déformée à dessein en implantant l'idée que les mots évolution et adaptation étaient synonymes. La vie animale et même la vie humaine s'adaptent à un niveau, oui. Mais le terme évolution s'applique à la spirale d'expériences spirituelles qui ramène à la Source (pensez en terme d'hologramme). Ici, vous pouvez constater qu'une corrélation existe entre spirale et spirite, entre hologramme et holy (saint, sacré).

Le moment venu, vous aurez la sagesse de laisser monter à la surface de votre conscience un sentiment irritant qui vous poussera à déménager dans un endroit plus approprié et ce dernier sera disponible. La planification par anticipation ne marche pas ; il est nécessaire d'être flexible et d'agir sur le moment. C'est la spontanéité qui pourvoit l'atmosphère dans laquelle la création évolue sans restriction. Puisque vous faites partie de la création, il est important pour vous d'y participer aussi spontanément que possible. Même si les opposés semblent en contrepoint, c'est tout de même une façon de combiner les pôles d'une manière complémentaire permettant l'effet spiral voulu pour un mouvement équilibré. L'utilisation des pôles ne se limite pas à leurs antipodes comme blanc et noir, bien et mal, en marche et à l'arrêt, etc. Rose et gris sont opposés, mais d'intensité différente. Ces intensités sont disponibles en abondance pour des applications diverses à l'intérieur d'un foyer s'exprimant à partir du principe.

Comment cela s'applique-t-il au projet en cours ? C'est grâce aux contributions multiples en vue de compléter la phase deux que nous aurons le composite approprié. Chaque session remue-méninges, alimentée par la combinaison des cerveaux individuels réunis en un foyer collectif puissant, produira des idées qui évolueront en spirale vers l'objectif. La concentration du groupe est l'élément qui s'ajoute pour produire un accroissement du pouvoir de la présence créatrice. Étant donné que le Créateur n'est pas personnellement incarné au niveau de la 3e dimension, il ne peut pas être carrément présent ; mais la combinaison de pensée occasionnée par le partage d'un objectif commun amène un plus grand pouvoir, particulièrement quand on tient compte des combinaisons numériques. Le langage commun à toute la Création est la formulation mathématique. La science de la numérologie démontre comment ces formulations s'appliquent aux vies individuelles. La spontanéité permet à la conscience de relaxer ; l'harmonie et ces fondements d'existence, les lois mathématiques, permettent de produire les résultats désirés dans le cadre d'un objectif défini.

L'objectif de ces sessions de réflexion en groupe est d'offrir la structure pour faire naître un plus grand objectif, qui sera à son tour la structure du nouveau paradigme. Cette structure permettra aux individus de poursuivre la démarche dans leur propre expérience. Ceci peut sembler plutôt simple ; cependant, le pouvoir se situe dans la compréhension et dans la fidélité à la marche à suivre dans le cadre des lois universelles.

La Loi du laisser-être est la plus difficile à incorporer. S'élever au-dessus du besoin de contrôler est le levain de la miche pour ainsi dire. Bien des livres pourraient être écrits sur le sujet mais cela ne changerait rien. C'est en appliquant la loi que cette dernière s'apprend. C'est l'accomplissement de cette facette spécifique qui ouvre la porte à la transcendance de cette dimension. La capacité d'appliquer ce principe est fondée sur l'utilisation des deux premières lois et c'est par l'application des ces trois lois que la quatrième se met en place. Et voilà, vous y êtes, à un point où les choix sont possibles. Qu'allez-vous faire ?

La graduation requiert de laisser aller les attachements, à ce moment-là, oui, mais pas maintenant. De même qu'on vous a méconduit sur la nature de votre ego, on vous a aussi méconduits en ce qui concerne l'attachement. Il y a une différence entre attachement et dépendance. C'est ce que vous devez discerner car le temps est venu pour vous de laisser aller les dépendances. Vous devez vous demander qu'est-ce qui, à votre avis, doit demeurer dans votre expérience, et qu'est-ce qu'il serait plaisant d'avoir, mais pas absolument nécessaire. Vous serez surpris si vous prenez quelques moments pour rédiger une liste même brève de vos merveilles technologiques et réfléchir à ce que serait la vie sans elles. Vous serez alors préparés pour votre avenir pas si lointain. Ceci ne veut pas dire que de planifier pour vous assurer que vous avez le nécessaire est une dépendance plutôt que de la sagesse. Ici encore, demandez le discernement.

Nous vous rappelons que nous nous préoccupons de vous guider aussi bien que possible à travers tout ce dont nous discutons car ce projet est d'importance capitale. Le Créateur est non préférentiel dans son désir de conserver chaque fragment ; cependant, nous accordons beaucoup de valeur à notre équipe en place sur le terrain. L'amitié est un aspect merveilleux de l'expérience que partagent les fragments manifestés conscients. Vous ne vous souvenez pas de nous, mais nous nous souvenons de vous !

Chapitre 33

Le moment est venu pour nous de rassembler les énergies qui mèneront à la transformation de la conscience populaire. Il sera

intéressant d'interconnecter différents projets entrepris consciemment
en différents endroits de la planète. Il y a plus d'une équipe en place
sur le terrain avec des missions significatives. S'il est justifiable de
sentir que ce qu'une personne ou un groupe font est trop peu trop
tard, ce n'est toutefois pas le cas. Tous sont maintenant en place,
ou presque, et prêts à recevoir le signal d'envoi concerté. Il est
nécessaire que tous tiennent fermement le cap de la détermination,
de l'intention et du but à atteindre, car les jours qui viennent pourront
sembler décourageants. Vous devez remplir votre engagement avec
un calme et une confiance qui ne vacillent pas. Cette expérience est
une réalité manifestée à laquelle on doit faire face de l'intérieur. La
partie doit se jouer jusqu'à la fin. Elle ne peut plus être modifiée
ou retardée. L'humanité s'enfonce dans une peur grandissante
et dans la confusion, faisant progresser rapidement les plans des
manipulateurs. Les niveaux spirituels de chacun deviennent de plus
en plus inaccessibles et la réaction de l'esprit incarné à cette situation
continuera de se refléter à travers la réaction de la planète même. Ce
n'est pas un très beau tableau vu d'ici. Nous ne voulons pas attirer
votre attention sur ce sujet mais il est tout de même nécessaire que
vous sachiez ce qui se passe. C'est malheureux que les choses en
soient venues à s'engoncer si profondément dans la souffrance avant
que la conscience ne devienne vulnérable et suffisamment désespérée
pour s'arrêter et décider que c'en est assez. Peut-être votre désir de
mettre un point final à la situation et votre consentement à le faire
en changeant totalement vos réactions habituelles incrustées vous
permettront-ils maintenant d'arrêter toute cette folie.

« L'opium de la religion » a constitué le mécanisme
d'emprisonnement. La doctrine religieuse « Notre voie est la seule
voie et toutes les autres sont fausses » a littéralement créé des cellules
à l'intérieur d'un donjon d'ignorance dans chaque secte religieuse
moderne existante et connue. Ceci ne veut pas dire qu'il n'y ait pas
un peu de vérité présente au sein de ces sectes ; mais aucune d'elles
n'en présente suffisamment ; et même réunies, elles n'offrent pas
suffisamment de vérité pour amener maintenant l'humanité à faire
autre chose que tourner indéfiniment en rond dans la frustration. Le
désir inné en chacun de progresser vers l'objectif de transcender ce
piège dans la 3e dimension est toujours présent et, à ce moment-ci, la
religion n'offre aucun moyen de continuer le voyage.

L'aspiration de chaque extension d'âme qui s'incarne sur Terre est de prêter son assistance pour ramener l'équilibre dans la situation. Tous désirent faire partie intégrante du caillou déterminant lancé dans l'étang mais ils se font prendre dans le piège des lourdes énergies oppressives, joignant ainsi le chœur de ceux qui appellent à l'aide. L'aide ne peut pas venir de l'extérieur ; elle doit venir de l'intérieur par le biais du pouvoir personnel utilisé non pas dans le but de se placer au-dessus des autres mais dans un désir sincère d'inspirer les autres à suivre. Ces individus s'harmonisent ainsi avec le flot créatif et avec le désir conscient focalisé de ceux qui sont dédiés à cette cause et qui ont précédemment accompli cette transcendance. Malheureusement, la situation sur Terre a atteint un stade si triste que certains membres dévoués appartenant à de plus hautes dimensions se sont maintenant portés volontaires pour s'incarner et agir au nom des habitants afin d'activer une vague de croissance du pouvoir personnel sur la planète. Ces volontaires sont nombreux et ils attendent l'activation des déclencheurs plantés dans leur conscience pour se souvenir de leurs rôles. L'heure a sonné pour eux !

Le temps est maintenant venu pour ceux qui ont choisi ce rôle de faire passer l'humanité de l'état d'être au devenir, sa vraie nature. Le terme « être humain » n'est pas exact; chacun est un « humain en devenir » ! Tous les humains seraient constamment centrés sur la vraie raison de l'incarnation s'ils savaient cela et s'ils se désignaient eux-mêmes de cette manière. Alors, le cri intérieur des Terriens et de la planète elle-même en ce moment deviendrait « Je suis en devenir. Aidez-moi à le faire ! » Ainsi, il y a une réponse possible. La concentration passe de « Je suis une victime, aidez-moi ! »– ce qui sous-entend « Aidez-moi à continuer à être une victime » – à un foyer de désir de pouvoir personnel. Après des siècles de supplications que quelqu'un ou quelque rituel ou miracle accomplisse l'impossible, l'homme a été incapable de découvrir que la réponse devait venir de l'intérieur de sa propre conscience et de son propre pouvoir pour que s'accomplisse la requête. De plus, l'envie forte innée de pouvoir personnel fut tournée en concept négatif de l'agrandissement personnel de l'ego et vous en voyez le résultat tout autour de vous. Le mouvement de votre propre conscience, répondant à votre désir de voir arriver une fin à tout ceci, a activé votre capacité d'attirer ces messages. À mesure que les déclencheurs de réveil seront activés, les ondulations créées par le caillou deviendront des vagues. À ce moment-là, l'action démarrera ; plusieurs niveaux de liens se formeront et les roues commenceront à tourner. La conscience populaire assiégée ainsi que la planète elle-même expérimenteront un changement. Cela ne sera pas la transformation comme telle mais ce sera le commencement de l'élévation spirituelle nécessaire devant précéder le processus de transformation.

N'oubliez pas le niveau vibratoire de la conscience populaire. Aucun Terrien ne survivrait un transfert en 4e dimension en ce moment. La méditation et l'écoute d'entités canalisées n'ont pas accompli cet exploit. Un changement de perception de soi et la concentration sur l'objectif de cette incarnation de la part d'un grand nombre l'accomplira, alors même que le taux vibratoire du flot d'énergie descend, invitant la maladie et la mort. Arrêter ce mouvement descendant et lui donner une nouvelle direction requerra un changement de proportion majeur. Le taux vibratoire normal du corps humain a été établi entre 62 et 68 MHz. Le cerveau donne son rendement entre 72 et 90 MHz. Quand la vibration du corps descend à 58 MHz, il peut attraper un rhume ; à 57 MHz, la grippe ; 55 MHz, le candida ; 52 MHz, Epstein Barr ; 42 MHz, le cancer ; et à 25 MHz, le processus de la mort est enclenché. Les problèmes de santé de vos amis et de votre famille vous peignent le vrai tableau. Nos intéressants planificateurs négatifs abaissent simplement les MHz de quelqu'un qu'ils veulent éliminer au moyen de méthodes récemment inventées. Le corps développe très rapidement une maladie mortelle ou, si la vibration est suffisamment abaissée, la mort survient et toute maladie déjà présente sert d'excuse. La médecine allopathique (médecine, vraiment ?) et les prescriptions chimiques abaissent les MHz du corps. Les radiations de la télévision et des écrans d'ordinateurs abaissent les MHz ; le processus se poursuit avec la consommation de nourriture en conserve ou précuite, avec leur 0 MHz pour soutenir le corps. La famine est la moins subtile des manières d'abaisser les MHz pour pousser la conscience populaire à la détérioration ; de cette façon, l'affamé fait sa part pour aggraver la situation avant de mourir. Le corps humain a des capacités d'adaptation incroyables mais l'assaut de techniques pour abaisser le niveau vibratoire afin de vous attacher à cette planète a atteint un point critique. La bonne nouvelle est que le changement d'orientation de la conscience des gens alignés sur celui de la planète même peut aller au-delà du retrait de quelques pièces de dominos importantes placées là par l'équipe adverse. Cela pourrait faire basculer les pièces en sens inverse, démantelant ainsi le processus d'abaissement et permettant aux MHz des corps de remonter. Voilà une intéressante hypothèse à considérer !

La scène telle qu'elle se présente en ce moment est plus que décourageante, elle est effroyable. Cependant, elle n'est pas du tout sans espoir si l'on en juge par les divers scénarios étudiés en possibilités holographiques. « L'équipe en place sur le terrain » tient en main les cartes maîtresses. La façon de les jouer déterminera quels scénarios assureront le succès. Continuez de jouer ! La dernière partie vient juste de commencer et le Créateur ne joue jamais au hasard. Il ne mise que sur des gains sûrs. Après tout, il a inventé le jeu et il n'oublie jamais les règles. Vous pouvez y compter ! C'est à son tour de brasser les cartes et la mise va se révéler. N'attendez pas que ça arrive ailleurs. Soyez là !

Chapitre 34

Au moment où ce projet fut initié dans les cadres de votre temps, il y avait une très petite fenêtre permettant d'entreprendre la démarche. Une fois que l'idée fut comprise et mise en marche, la fenêtre suivante qui embrassait l'idée d'agir se révéla beaucoup plus grande. Cette étape permit de prendre contact avec plusieurs nouveaux individus en vue de les informer et de continuer d'élargir la fenêtre. L'ajout d'autres cerveaux, saisissant l'idée de base et concentrant leur intention de participer, a continué d'agrandir la fenêtre pour permettre l'inclusion continuelle de participants additionnels. L'expansibilité de ce mouvement permet au processus de s'harmoniser avec l'expression de l'ordre divin, lequel est expansif dans sa nature même. L'élan dans la diffusion de cette information est fondamental pour que le flot harmonieux continue de couler et pour assurer la participation divine qui est essentielle au succès. Il est important que vous réalisiez que la clé du succès se trouve dans le mouvement expansif dirigé vers l'extérieur. Saisir les différents aspects du changement d'attitude voulu et les faire pénétrer dans un nombre suffisant de points de conscience individuelle assurent l'établissement et le maintien d'un flot qui se dirige vers le large. De nouveaux contacts doivent être faits par autant d'individus récemment contactés que possible pour garder le flot expansif en mouvement. Vous pouvez continuer de faire des contacts additionnels ; votre mémoire vous aidera à vous rappeler des personnes non encore contactées susceptibles de répondre à ce projet. Ceci assure que ceux qui ne sont pas du genre à porter la « Lettre à Garcia » ne fassent pas obstacle à cette expansion vers l'extérieur tellement essentielle.

Si ces messages devaient être envoyés à de nouveaux contacts dont vous êtes certains qu'ils y donneront suite et qu'ils emboîteront le pas, il serait peut-être approprié d'envoyer les quelques premiers messages comme introduction. Une note en page couverture suggérerait que d'autres messages leur seront offerts sur demande, s'ils décident de s'engager sérieusement. Ceci permettrait un partage des frais de reproduction et d'envoi postal, afin que le poids des coûts ne repose pas sur quelques personnes seulement. Selon toute probabilité, chaque personne engagée ferait seulement quelques contacts appropriés. Ceci assurerait également l'anonymat et la sécurité. On assume que seuls ceux qui sont connus et jugés appropriés seront contactés ; donc, les discussions pourraient se poursuivre en groupes de 3, 7 et 12. (Nous vous rappelons de nouveau qu'un pouvoir numérique est disponible dans l'ordre mathématique divin.)

Il est absolument correct que des tentatives de formuler une possible déclaration d'intention se fassent au niveau de petits groupes. Plus il y a d'essais, plus vite « la définition parfaite » s'en dégagera. Quand un groupe y parviendra, ses membres seront totalement conscients qu'ils ont mené cette phase à terme. La prochaine étape apparaîtra clairement dans leur conscience, attirée par le pouvoir de la fusion de toutes les données de tous les groupes. (Ici encore, nous vous rappelons que la pensée pense en elle-même et d'elle-même quand elle est en harmonie avec le divin.) Combien cette phase du projet requiert-elle de participants parents pour en assurer le succès ? Cela dépend de trois facteurs : qui participe, à quelle vitesse la phase est initiée ainsi que la productivité au niveau des discussions qui prennent place. La balle est dans votre camp. Des réponses en termes qui se situent au-delà de l'intellectualisation du changement de perception sont les clés. Nous pourrons participer davantage lorsque vous nous aurez renvoyé la balle. En attendant, nous sommes limités à fournir ce flot d'information et à vous encourager.

Vue d'ici, la vision globale est en quelque sorte encourageante. Les plans du camp opposé se déroulent selon la cédule établie. Il est important que vous notiez que notre intention est l'action et non la réaction. La double prospective équilibrée propre à notre groupe se répand en même temps que la nouvelle de notre projet. Ceci soutiendra l'élan. Nous devons être au courant du terrible succès probable de leur plan et, en même temps, promouvoir une conscience équilibrante que le nôtre est le seul mouvement disponible qui offre le pouvoir de changer l'horrible avenir qu'ils ont planifié. Si notre plan est suivi avec dévouement et détermination par l'application des Lois universelles d'attraction, d'intention délibérée de créer un nouveau paradigme d'expérience, et de laisser-être par la non résistance, le retour à l'équilibre et à l'harmonie est assuré. L'humanité souffrante ne peut recevoir l'aide si ardemment cherchée que dans ce cadre.

Toute la discussion précédente d'en amener d'autres à la conscience de la possibilité de créer un nouveau paradigme d'expérience pour ce foyer planétaire se résume simplement au retour à la responsabilité personnelle comme étant la seule avenue menant au succès. Le fait que les individus assument leur responsabilité personnelle mènera inévitablement à la responsabilité collective trouvant sa manifestation dans la coopération. Ceux qui sont incapables de dépasser leur désir de gains matériels personnels et leur besoin de contrôler les débats ainsi que leur résultat, se retireront bientôt. Si la sagesse vous guide dans le choix des contacts appropriés, ces individus ne seront pas contactés même s'ils vous viennent à l'esprit.

Vous continuez de vouloir participer mais les noms appropriés ne vous viennent pas à l'esprit. Qu'à cela ne tienne, les noms et les contacts par coïncidence « apparaîtront ». La Loi de l'attraction marche ! Laissez simplement le désir flotter dans votre champ conscient, spécialement aux moments où toute votre attention n'est pas requise pour accomplir d'autres activités. Certains moments de la journée sont particulièrement propices, comme lorsque vous vous retirez pour la nuit, lorsque vous vous éveillez, à la fin d'une méditation ou dans des moments de prière intentionnelle. Votre contribution sera d'autant plus grande que le projet vous viendra souvent à l'esprit et que vous sentirez fortement votre désir de prendre part à cet exercice positif, en association avec le Créateur et selon son modus operandi. L'engagement et la détermination sont des qualités légères qui soutiennent ce désir à la surface de la conscience pour que vos opportunités de participer arrivent jusqu'à vous. À travers cette démarche, vous serez une bénédiction et un faisceau de lumière dans ce monde assombri. Un projecteur produit des cercles lumineux de plus en plus larges au bout de son faisceau. Une plus grande compréhension, résultant de votre choix de devenir membre actif de ce projet, vous permettra de répandre cette lumière de compréhension au milieu d'un monde qui s'assombrit. Votre confiance intérieure, votre paix, sachant que quelque chose de puissamment nouveau est déjà en train de prendre place alors que la réalité présente se modifie, est un pôle positif puissant. Cette attitude attirera vers vous ceux qui désirent changer et qui sont prêts à transcender l'état de victime. Vous serez le caillou lancé dans votre propre étang d'expérience. Votre service continuera de s'étendre à d'autres niveaux d'expérience. Ne comptez pas sur une vie monotone et ennuyante à partir de maintenant.

Votre participation à ce projet vous apportera des récompenses personnelles. La sainteté reconnue n'est pas l'une d'elles. Des changements de conscience se produiront à mesure que vous participerez et que votre corps sera capable de les incorporer. Ceux d'entre vous qui continuent de déshonorer le temple vivant de votre esprit ne recevront pas certaines de ces récompenses. Vous devez revoir vos priorités en ce qui a trait à la consommation de caféine, sodas, mets prêts à emporter (trop cuits), etc. Plusieurs d'entre vous n'ont pas de partenaire, ce qui vous porte à manger hors de votre foyer. Soupesez vos choix et optez pour une alimentation cuite moins longtemps et qui inclut des crudités. Si vous mangez à la maison, plusieurs supermarchés offrent maintenant des aliments biologiques. Trop manger force le corps à utiliser son énergie pour digérer plutôt que de s'adonner à des activités plus productives. De plus petites quantités d'aliments nourrissants permettent au corps d'utiliser l'énergie dont il dispose pour d'autres activités et il requiert ainsi moins de sommeil.

On vous demande beaucoup. Mais, vous pouvez maintenant arrêter de vous demander « pourquoi moi, pourquoi ici et pourquoi maintenant » si vous savez que vous vous êtes incarnés dans cette vie pour participer à ce projet. Cette réalisation en elle-même vous amènera à changer vos priorités. Votre participation devenant votre priorité, ces activités qui ne sont pas importantes sortiront de votre vie. C'est ainsi que ça marche. Est-ce que cela accaparera votre vie ? Nous espérons que non. Par contre, comme c'est là où se situe l'action, c'est votre vie qui se l'accaparera. Une perspective énergisante et différente ! La prise de responsabilité personnelle et la participation au mouvement dans le flot de la Création dans le but d'agrandir la Création, apportent des récompenses à la personne aussi bien qu'à l'ensemble. C'est une expérience très plaisante. À mesure que vous participerez, le souvenir de la sensation d'être en équilibre et en harmonie vous reviendra en mémoire et ceci vous assistera pour savoir ce que requiert le projet et pour faire les contributions nécessaires à l'intégralité du projet. Comme on dit : bénir, c'est être béni !

Chapitre 35

Vu d'ici, il semble que vous soyez occupés à construire un réservoir d'énergie qui stagne. Un nombre grandissant de gens sont conscients du projet de paradigme, mais peu, s'il en est, se sont assis pour s'amuser à composer ce qui pourrait être leur idée personnelle d'une déclaration d'intention. C'est comme si vous deviez attendre de vous rencontrer lors d'une quelconque assemblée formelle pour accomplir quelque chose. Où est la responsabilité personnelle dans cette attitude ? Il nous semble que l'apport de votre idée personnelle ajouterait un niveau d'intention différent à une rencontre en vue de définir un objectif. Nous espérions que cela découlerait naturellement de la suggestion et que vous commenceriez ce processus pour votre propre salut. N'assumez pas que votre statut de membre de l'équipe sur le terrain soit suffisant pour vous tirer d'affaire. Vous faites l'expérience de la 3e dimension et ses lois vous gouvernent de la même manière que tous les autres habitants de la Terre. Si la responsabilité personnelle est la note qui donne le ton, alors endossez-la, spécialement en ce qui a trait au projet, si vous espérez qu'il réussisse.

Il nous est difficile, selon la perspective de notre expérience, de comprendre justement combien il vous en incombe de vivre sous l'influence du niveau vibratoire actuel de la Terre. Ce dernier est inévitablement abaissé en calibrage mesurable par la combinaison de techniques choisies à cet effet et appliquées à tous les aspects de l'existence terrestre. Ce sont les effets concertés de ces techniques multiples qui accomplissent cela. La masse critique des humains maintenant sous le contrôle de ces techniques combinées sera bientôt atteinte. Il est important pour vous que vous compreniez que le point de masse critique nécessaire à l'intention diabolique est différent de celui qui est nécessaire à l'intention d'élévation. Ceci ne peut être calculé en simples pourcentages car le degré d'évolution de chaque âme et de ses extensions doit être considéré dans ce calcul. Si le taux vibratoire s'abaisse, le point de masse critique s'élève ; de notre côté, c'est l'opposé qui se produit. Abaisser le taux vibratoire est beaucoup plus difficile que l'élever. Une simple réalisation peut causer un saut de niveau vibratoire. Alors, pourquoi ne déclenchons-nous pas une grosse réalisation planétaire remédiant ainsi à toute l'affaire ? À mesure que le taux vibratoire s'abaisse, les synapses du cerveau deviennent de plus en plus inefficaces. De plus, les substituts du sucre utilisés, comme Equal, détruisent lentement les fonctions du cerveau car ils ruinent les terminaisons nerveuses. Ils peuvent traverser et ils traversent la barrière sang-cerveau. De plus, les diètes basées sur la consommation d'hydrates de carbone, faibles en gras/ riches en sucre, affament les cellules du cerveau. Tout ceci fait partie du plan ; souvenez-vous qu'ils comprennent suffisamment bien les fonctions du corps physique pour être capables de développer des techniques pour affaiblir la connexion entre l'être et sa source vibratoire dans l'espoir qu'elle se rompe au moment de leur choix. Pouvons-nous insister pour que vous réfléchissiez soigneusement à cette information et que vous lisiez les étiquettes et preniez votre responsabilité personnelle dans le soin de votre corps ? Ce dernier est nécessaire à votre participation à ce projet. Le dernier facteur important dont il vous faut tenir compte, en plus de ce qui a été mentionné dans ce message et dans le précédent, est le niveau du pH de vos cellules et de votre sang.

Si votre désir de retourner à une expérience dimensionnelle plus haute est sérieux, vous devez maîtriser la 3e dimension ; nous vous recommandons l'achèvement de ce projet comme billet de passage. La responsabilité personnelle, c'est d'être responsable de votre expression personnelle dans cette expérience de vie, en commençant par votre temple physique. Pour y arriver, vous aurez maintenant besoin de penser indépendamment des sollicitations qui vous viennent des médias et de la communauté médicale. Même la plupart des professionnels de la médecine alternative offrent une compréhension moins qu'holistique et une assistance seulement partielle avec leurs produits dispendieux. Le massage est un interlude agréable mais il ne remplace pas la responsabilité personnelle de vous adonner régulièrement à un exercice non violent.

Sommes-nous en train de vous faire la leçon ? Ce qui est offert est un guide. Si vous le prenez d'une autre manière, c'est que votre ego dénaturé réagit. Cela dépend de votre capacité d'agir plutôt que d'intellectualiser. L'ego a été déformé de telle sorte qu'il aime pontifier et trouver des excuses pour éviter la responsabilité personnelle. Lorsqu'il s'agit de modifier ses comportements, il est tellement plus facile d'en parler que de le faire. Vous pouvez contourner l'ego en l'ignorant et en plaçant votre concentration au-delà du chaos inhérent au changement et en visualisant plutôt le résultat final. L'image contourne le processus intellectuel. Pour en arriver à une déclaration d'intention, les membres des groupes parents doivent prendre individuellement le temps de visualiser (rêver) ce que chacun peut concevoir dans son imagination (une visite dans la pensée de Dieu) et tenter ensuite de verbaliser la vision de façon concise. La démarche peut démarrer avec des mots, puis des projections mentales, puis encore des mots, etc. La méditation d'intention, outil merveilleux des dimensions plus élevées, deviendrait alors une pratique. Je crois qu'on s'y est référé sous l'expression « incarner votre désir ». Ceux qu'on appelle shamans et oracles utilisent cette technique; ils ont un pied dans les deux mondes. Il y a des nuances dans les lois universelles qui servent votre intention d'expérimenter votre retour vers la Source de tout. C'est une aventure qui offre un défi et une joie bien au-delà des défis physiques de la 3e dimension qui laissent des sentiments de vide intérieur pouvant être comblés seulement par d'autres expériences stimulantes qui causeront les mêmes sensations frustrantes de vide. Les sentiers d'apprentissage sont bloqués. L'humanité sur Terre en est à courir après sa queue inexistante et elle est poussée dans une spirale descendante.

Poursuivons notre discussion sur la responsabilité personnelle à endosser. Il est important de considérer un autre aspect. L'idéal de la responsabilité personnelle apparaît lourd sous son aspect responsabilité. L'humanité serait mieux servie si l'accent était mis sur l'aspect personnel. Encore ici, le mot a été biaisé; on a collé au terme personnel la signification d'égoïsme, déformation qui dérive de l'intention délibérée de nier que quelqu'un puisse créer l'indépendance autrement qu'en prenant ce dont un autre a besoin. Les banquiers sur votre planète illustrent cette loi du système négatif proposé et portent ce concept à l'extrême. Ces gens visualisent non seulement les résultats planifiés mais ils les vivent à l'heure actuelle. Ceci augmente la quantité d'énergie disponible requise pour l'avancement de leur plan. Votre Bible dit quelque chose comme « La pluie tombe pour le juste comme pour l'injuste. » Comment vous sentez-vous face à cela? La pluie représente les lois universelles servant les deux pôles. Vous êtes programmés à penser que le pôle négatif est toujours « incorrect ». Dans le contexte de l'ensemble, ce n'est pas vrai. Il n'y a pas d'électricité (énergie en mouvement) sans les deux pôles. C'est l'utilisation tordue au-delà des normes d'équilibre qui est mise en question dans ce cas-ci. Le terme personnel signifie réellement l'expression harmonieuse de l'énergie d'un fragment du Créateur, s'exprimant de façon radieuse en perpétuant le flot d'énergie expansive dans n'importe quelle dimension où il se trouve. La conception d'origine du mot prenait en compte les fragments en tant que fils de Dieu, perSONnel (SON = fils). La référence est encore une fois masculine parce que la qualité d'expansion est considérée comme un aspect masculin. En d'autres mots, la responsabilité personnelle réfléchit l'empressement d'embrasser le flot d'énergie expansive dans le domaine de votre expérience de vie. Avec le cycle d'énergie qui vous entoure et dont le flot s'écoule dans la direction opposée, vous devez nager à contre-courant pour ainsi dire pour accomplir ce que vous voulez.

Espérons que ces messages vous mettront sous les pieds un bon rocher solide sur lequel vous tenir debout, au-dessus de ce flot, pour trouver votre équilibre, acquérir de la force par la détermination et commencer à ramasser les rochers nécessaires pour construire un barrage pour faire dévier le flot et lui donner une nouvelle direction. Votre projet est saint et il reflète la nature holistique de la mécanique de la Création. Votre mode de pensée séquentielle requiert que tout se mette en place pièce par pièce ; mais concrètement, il se peut que ça ne se produise pas comme ça. C'est pourquoi il est tellement important que vous ayez confiance en ce processus, spécialement quand vous pensez que les choses ne marchent pas comme elles le devraient. Faites simplement votre part et tout se mettra en place ! Ayez confiance !

Chapitre 36

Continuons ces messages pour quelques sessions de plus. Ils se rapportent aux activités parentales que nécessite le projet du nouveau paradigme. La balle est dans votre camp et c'est à vous de jouer. Ou vous ramassez la balle et vous vous mettez à l'œuvre pour concevoir le « bébé » ou vous ne le faites pas. Nous avons certainement fait tous les efforts possibles pour vous encourager à participer. S'il est nécessaire que le caillou soit lancé dans l'étang du niveau suivant, vous allez faire une intéressante ballade en vaisseau spatial Terre. Ceci est un coup de sonnerie supplémentaire venant de votre réveille-matin. La période de roupillon programmée tire à sa fin. Si vous lisez cette information, vous faites partie de l'équipe au sol et vous n'avez qu'à réaliser qu'il est temps de laisser tomber le déguisement et de commencer votre mission. L'équipage en vol ne peut pas atterrir avant que la piste d'atterrissage ne soit prête et l'invitation lancée. Tel que suggéré précédemment, commencez à formuler et à rêver des scénarios dans votre monde intérieur. Ceci déclenche la résonance de la Loi d'attraction. « Au commencement, il y avait la pensée et la pensée s'est fait chair. »

L'information partagée précédemment a besoin d'être organisée de façon à être compréhensible et cohésive pour ainsi vous permettre d'opérer correctement. Puisque le paradigme peut seulement être créé selon un format holographique qui résonne et s'harmonise avec la Création entière, logiquement vous vous devez de comprendre les paramètres fondamentaux requis pour assurer le succès. Ceci signifie qu'on vous sert l'information par morceaux pour que vous puissiez vous en nourrir, y réfléchir et l'assimiler ; elle se retrouve donc étalée sur bien des pages. À vous de combiner ces morceaux pour former une base composite qui a du sens, pour ensuite participer au processus créatif avec confiance.

Vous devrez relire et étudier ces leçons pour les comprendre et formuler votre pensée. Il y a des nuances dans les lois et elles monteront à la surface de votre champ conscient au cours de l'étude/l'assimilation. Ce serait commode pour vous si nous vous donnions simplement les grandes lignes mais cela ne permettrait pas au processus d'épanouissement de prendre place en fin de compte. Ce serait comme de recevoir un bouquet de fleurs et de simplement jouir de sa beauté et de son parfum, passant outre le processus de croissance. Il est nécessaire de faire « croître » votre compréhension. Le Manuel pour le nouveau paradigme est un précieux trésor qui vous est donné pour que vous puissiez endosser votre position radieuse de service et que vous accomplissiez la destinée que vous avez choisie dans l'histoire de la planète Terre. En suivant le processus suggéré, la pure joie d'apporter « l'illumination » à un monde de noirceur transcendera le poids de la responsabilité.

Le processus holographique inclut l'élément de maintenir la concentration, le temps que la manifestation puisse compléter le cycle voulu. La concentration de pensée est maintenue sur de longues périodes de temps (là encore selon votre notion du temps) en réglant les oscillations vibratoires dans un registre qui leur permet d'émettre un son. Votre musique reproduit grossièrement ce phénomène. Lorsqu'il est pur, on peut le comparer en qualité à une cloche cristalline. Les cloches tibétaines vous donnent un aperçu des réverbérations qui se propagent longuement, au-delà de ce que l'oreille humaine peut entendre. Dans un contexte holographique, une vibration en surunité (Note de la traductrice : où l'énergie produite excède l'énergie consommée) est continuellement déployée, propulsant ainsi le paradigme en expansion. Chaque création holographique est unique, comme les cristaux de neige. Il y a dans chaque galaxie une mélodie continue de sons semblables aux cloches, que certains perçoivent en quelque sorte et qu'on appelle « la musique des sphères ». C'est une parfaite description.

La Terre est passablement désaccordée en ce moment. Considérez la résonance de la musique cristalline des sphères et ensuite, pensez au punk rock. On pourrait penser que ce son porte la vibration de la galaxie que l'équipe adverse vous organise. Voudriez-vous y vivre tout le temps ? On atteint la résonance parfaite par l'équilibre. C'est pourquoi la musique rock est tellement destructrice de l'équilibre des jeunes gens. Elle est conçue pour être déséquilibrée et discordante à la base. Elle reflète à l'extérieur le déséquilibre intérieur de ses compositeurs et elle ajoute aux tendances chaotiques dans la psyché de ceux qui passent beaucoup de temps à l'écouter. La musique des Beatles a fait le pont entre la musique romantique qui était aussi un stimulant sexuel et cette musique rock. Au début, leur musique contenait des mélodies présentant moins de distorsion, comme nous pouvons le constater dans les versions orchestrées. Cependant, elle ouvrit la porte aux distorsions plus destructrices qui s'en suivirent inévitablement. Encore une fois, tout ceci fait partie du plan pour ralentir la vibration humaine et la maintenir basse.

Pour que vous puissiez conceptualiser une expérience dimensionnelle plus élevée, il est nécessaire que vous compreniez quelque peu cette expérience à partir d'une perspective de création. Comprendre l'interaction holographique est fondamental. La méthodologie actuelle pour produire ce phénomène utilise un rayon de lumière qui passe au travers d'une image transparente, produisant une réplique dimensionnelle flottante. Dans un hologramme existant, (vous par exemple) concevez une pensée, celle d'un désir qui est à reproduire selon ce mode holographique. Cette pensée pensante (vous) se focalise en ajoutant à sa projection des détails qui définissent davantage le désir holographique. La pensée, agissant comme un faisceau, s'intensifie en énergie par les émotions ressenties en anticipant la jouissance de l'expérience du nouvel hologramme. C'est ce qui permet à ce dernier de se former.

Vous désignez le concept de l'hologramme par les termes 3D ou tridimensionnel. Alors en quoi la 4e dimension diffère-t-elle ? 3D implique les conceptions de hauteur, de largeur et de profondeur, mais n'implique aucun mouvement de par une volonté propre à l'intérieur de l'hologramme. (Les spectateurs portent des verres dimensionnels pour visionner des films en 3D. La réalité virtuelle est aussi une manipulation.) La prochaine étape dans l'expérience de la 4e dimension comprend l'ajout de la dimension vibratoire ou vivante de l'action dans le champ de l'hologramme lui-même. Un vrai hologramme est projeté par la pensée, non par un mécanisme. Puisque la pensée a le pouvoir d'agir en elle-même en émettant une pensée subséquente, elle est consciente d'elle-même. Un degré de conscience de soi plus élevé suppose un taux vibratoire ou une dimension d'expérience plus élevés. Les graines de semence d'une dimension sont plantées dans une dimension inférieure.

Ceci vous amène à comprendre que vous êtes déjà conscients

d'être conscients. Cependant, on doit prendre soin de la semence pour qu'elle arrive à s'épanouir dans la transcendance, au point de dépasser son espace actuel par l'augmentation de son taux vibratoire, jusqu'à ce qu'elle se propulse par elle-même dans un changement dimensionnel offrant une plus grande opportunité de croître encore davantage en conscience de soi. Ce que vous essayez de faire est de provoquer la manifestation de ce processus à l'échelle planétaire parce que l'environnement vibratoire terrestre est si pourri que les individus ne peuvent plus accomplir ceci. Tout comme Moïse devait traverser la mer Rouge à l'instant exact d'un changement planétaire, ainsi votre propulsion dans une dimension plus élevée doit être coordonnée avec le moment exact du changement galactique. Comment saurez-vous ? Ça, c'est notre travail.

Comme d'habitude, nous vous rappelons qu'à moins que vous n'inventiez un bouchon que vous pourrez retirer, un plan de réserve différent sera utilisé qui contournera l'opportunité de l'humanité de mettre de l'ordre dans ses affaires et d'utiliser cette opportunité comme pierre de gué pour progresser. Nous continuons d'insister sur le pouvoir que vous tenez au creux de vos mains. C'est un tel cadeau que d'être en position d'assister cette planète et ses habitants dans cette si importante transformation qui contient en elle-même l'opportunité de littéralement faire un bond sur l'échelle vibratoire. Nous ne pouvons qu'attirer votre attention sur l'opportunité et agir en tant que conseillers. Vous devez le faire par vous-mêmes. Ce n'est pas la première fois que vous jouez des rôles similaires. Vous vous êtes littéralement entraînés pour faire partie de cette mission ; alors n'échappez pas la balle maintenant. Il n'y a rien de plus important dans votre champ d'expérience actuel.

Chapitre 37

Il y a du progrès dans le cœur et l'esprit de ceux qui lisent ces messages. Par progrès, nous voulons dire qu'il y a une transformation de la conscience qui se reflète dans l'activité holographique que vous êtes. En d'autres mots, la pensée qui vous identifie pense et agit d'elle-même. Vos psychologues et psychiatres diraient qu'il y a un changement dans les données enregistrées dans votre subconscient. La prière précédemment suggérée « Je suis un humain en devenir, aidez-moi à devenir !» est tellement puissante que le changement est déclenché simplement à la lire et à la considérer d'un point de vue positif. L'attitude de la victime est profondément ancrée dans le comportement humain dans son ensemble. Elle éteint la lumière intérieure de chaque enfant aussitôt qu'il l'absorbe de l'attitude parentale. Dès que vous réalisez cela et que vous abandonnez le faux idéal d'être une victime, une forme holographique commence immédiatement à briller. Utilisez la prière comme un mantra, spécialement quand vous faites face à des situations qui ont, comme vous dites, déclenché en vous le mécanisme de céder votre pouvoir à autrui dans le passé. Elles peuvent se produire en présence de personnes ou dans des circonstances qui résultent de décisions inappropriées. Dire la prière, c'est verbaliser l'intention de reprendre son pouvoir et cela occasionne un changement d'attitude. Le mantra, pratiqué sur une petite échelle à l'intérieur de chaque individu, n'est au début qu'un minuscule grain de sable dans la conscience populaire ; il grossit à mesure que d'autres intègrent cette prière et commencent à l'utiliser dans leur vie quotidienne.

Il serait peut-être approprié de définir le mot mantra. C'est une courte série de sons ou de mots qui apportent l'équilibre dans ce que vous appelez le subconscient. Souvent, les sons proviennent de vieux langages qui ne sont plus consciemment compris mais qui résonnent au niveau de l'ADN/ARN du corps, amenant une modification de manière fluide et expansive. Le mantra, tel qu'il est utilisé couramment, est souvent une décision intuitive de la part de la personne qui l'assigne à une autre. Fréquemment, la combinaison appropriée n'est pas offerte et les années de répétition apportent peu de changement sinon aucun. Certains en choisissent un par eux-mêmes, avec le même résultat. L'utilisation de la simple prière « Je suis un humain en devenir, aidez-moi à devenir ! » garantit des résultats. Le plus grand bénéfice en est tiré non pas en réservant une période de temps et en l'utilisant à répétition mais en la disant en connexion avec la reconnaissance consciente de pensées, de rencontres ou de situations qui font ressortir votre attitude de victime. S'en souvenir et y penser plusieurs fois par jour est aussi très utile.

Vous avez tous des réponses de victime, sans exception. Vous le niez simplement pour ne pas admettre que vous donnez votre pouvoir à un ego qui n'existe pas. La dénégation est le bouclier de l'ego gonflé et l'attitude oppresseur/victime en découle. Cette prière mettra fin à la déification de l'ego. L'ego est une fonction, non une personnalité de faux dieu. « Je serai ton seul dieu. » Le faux dieu numéro un est l'ego placé sur le trône par erreur et que vous êtes programmés à combattre. Certaines citations communément utilisées sont appropriées, telles « Ce à quoi vous résistez, persiste », « Ce dont vous avez peur se manifestera » et ainsi de suite. Vous avez été programmés pour vous tourner de tous côtés, sauf vers l'intérieur dans la contemplation de soi, d'où jaillit le pouvoir personnel qui, à son tour, s'exprime extérieurement de façon expansive. La contemplation de soi n'est pas de s'asseoir et de se regarder le nombril en se demandant qui, quoi et où suis-je ? C'est la pratique de l'application des lois universelles et la considération des résultats de ces applications dans l'expérience afin de s'apporter l'illumination. Chaque expérience est un caillou dans l'étang de votre vie.

Vos oppresseurs plutôt inamicaux ont ajouté d'autres couches de programmation avec beaucoup d'efficacité. Vous ne devez pas vous tourner vers l'intérieur et laisser le soi acquérir du pouvoir car cela est égoïste. Vous êtes alors coupables si vous considérez laisser le soi prendre du pouvoir parce que cela implique que vous l'utiliserez pour dominer les autres. Cette fausse interprétation cause une déformation très tôt dans l'enfance, au moment où la jeune personne tente d'établir ses tendances innées de poursuivre vers leur plus grande expression les expériences qui lui sont agréables. La déformation contamine un nombre incalculable de modèles de comportement compliqués, entremêlés et interactifs, qui sont transmis d'une génération à l'autre. La simple utilisation fréquente de la prière/du mantra dans des situations familiales ou de groupe par les membres participants apporteraient des changements dramatiques. L'utiliser sagement sur une grande échelle aurait des résultats phénoménaux.

Ce segment d'information ne se veut pas un sermon ; c'est plutôt une illustration de la façon dont une déclaration simple et attirante peut générer un changement d'une manière qui résout et littéralement dissout des patterns d'expérience déformés, interconnectés et enchevêtrés. Si vous en doutez, utilisez la petite prière et voyez ce qui arrive. Plus vous l'utiliserez à bon escient (sagement), plus la démonstration que vous observerez sera impressionnante. Quand vous l'aurez utilisée plusieurs fois déjà, vous vous trouverez en train de l'utiliser silencieusement en situations aussi simples que celle d'être irrité parce que la serveuse qui vous sert votre repas est lente. Votre expérience se transformera, et la sienne aussi. Il y aura de grosses irritations qui vous passeront sous le nez et plus tard, lorsque vous vous en souviendrez, vous verrez que c'était les moments les plus appropriés pour dire la prière avec sincérité (émotion). Ça marche ! Il semble que cette série de messages aurait pu se réduire à quelques simples déclarations qui auraient été aussi efficaces que la petite prière. Peut-être, mais les auriez-vous entendues ? L'observation des tendances humaines, spécialement celles des gens qui croulent sous l'engloutissement médiatique et le fouillis d'information, nous suggère d'éroder petit à petit les modèles bien établis du syndrome de « lire, puis jeter ». La plupart d'entre vous, qui vous êtes éveillés à la réalité de la situation qui vous entoure, êtes des lecteurs et des écouteurs avides ; pourtant, vous êtes affligés de ce syndrome profondément ancré. Les médias vous submergent et vous écrasent en répétant constamment des mots-clés et des phrases, présentés sobrement et étayés par des techniques subliminales. Cela force votre subconscient à mettre un bouclier de résistance en place ; les messages subliminaux le pénètrent alors comme les flèches pénètrent la cible.

Nos messages ont eu à pénétrer lentement ce bouclier à l'aide des flèches de la répétition et de la présentation de vérités, créant ainsi des brèches pour laisser passer l'information qui pourra être absorbée lors de la relecture. Une compréhension accrue des déclarations particulièrement justes devraient faciliter une plus grande ouverture. Ceci n'indique pas que le bouclier chargé de vous protéger contre le barrage des médias en soit affaibli ; au contraire, il est renforcé. Une vision plus large du tableau d'ensemble englobant les deux aspects de votre situation environnante permet un filtrage conscient de toute l'information que vous recevez. Vos prises se conscience et votre engagement sincère dans le projet ont réarrangé le contenu de votre subconscient, d'une manière similaire aux programmes utilisés pour réorganiser les dossiers dans votre ordinateur, permettant ainsi que l'espace sur le disque dur soit utilisé de la manière la plus efficace. Ceci se reflétera dans vos expériences de vie. Vous pourriez vous sentir confus, spécialement durant votre sommeil, alors que cette réorganisation de votre subconscient est en train de se faire. Pour ceux qui sont plus conscients, ce sera plus prononcé et même pénible pour un temps. Cette démarche vous permettra d'absorber le contenu important des messages en un format s'étalant sur les deux niveaux de conscience. C'est comme de charger deux programmes interactifs sur un ordinateur, quelque chose comme Word surimposé sur Windows, les deux programmes mettant une application pratique plus grande à la disposition de l'utilisateur. Le degré d'efficacité de l'installation dépend du degré de compréhension de l'utilisateur et de la façon dont il se sert des applications uniques disponibles. C'est une bonne analogie à considérer soigneusement par les utilisateurs sérieux qui entendent tirer partie de l'opportunité de dépasser les vieilles méthodes de défrichage.

Chapitre 38

Le déclenchement d'un changement accéléré dans la conscience des habitants de la planète et de la planète elle-même se fait à plusieurs niveaux. La pensée des gens est orientée vers l'extérieur, accaparée par l'observation du monde matériel. L'enseignement délibérément erroné que le Créateur soit une personnalité qui vit quelque part là-haut, dans les « cieux », et qui juge arbitrairement quelle prière de victime entre toutes mérite une réponse, illustre bien la structure inhérente des plans repoussants qui sont mis en œuvre autour de vous. Ils sont en essence contraignants, à l'opposé de la création expansive qui se maintient elle-même de par son mode excédentaire, ce qui veut dire que le flot apporte une surabondance d'énergie qui dépasse celle qui est investie pour la manifestation. Cela se produit par un renversement du mouvement de la pensée qui se contemple elle-même dans le cadre de la 2e loi universelle – l'intention délibérée ou manifestation voulue. Une fois encore, nous pourrions comparer ceci aux deux faces d'une pièce de monnaie : d'un côté, l'intention de créer/manifester et son résultat, la manifestation, et de l'autre, la contemplation ou l'expérience de la démarche qui est en fait le soi se contemplant alors qu'il expérimente. Ceci implique les 5 sens, l'ego observateur et le processus de pensée contemplative. Idéalement, tout ceci prend place aisément dans l'expérience de vie individuelle.

Ceci ne veut pas dire que chaque individu créerait toujours des expériences positives. Cependant, si le processus était compris au niveau du subconscient, les effets d'une expérience mise en marche de façon inappropriée seraient pris en considération. Une leçon serait « apprise » en faisant les ajustements nécessaires d'attitude et d'intention et le schéma d'expérience dans son ensemble se poursuivrait sans trop de traumatisme, une plus grande sagesse s'installerait et la vibration de l'énergie s'élèverait davantage.

Au mieux, il est facile de conclure que le renversement organisé de ce flot entraînant tout en sens opposé se terminerait de façon semblable à ce que démontre la théorie du trou noir de vos scientifiques, où toutes les énergies disponibles sont absorbées en une masse compacte. Pourquoi alors ces sombres planificateurs n'ont-ils pas compris que leur entreprise allait en fin de compte aboutir à l'échec ? L'ego sur son trône, intoxiqué de pouvoir et de contrôle, est rarement capable d'être logique. Vous voyez ce type de distorsion chez un individu incapable de se conformer à la norme logique d'un groupe social ; vous appelez cela de la folie. Quelquefois, c'est que le procédé mental créateur se situe bien au-delà de cette norme sociale et en d'autres occasions, c'est qu'il est gouverné par une capacité altérée de percevoir. C'est un comportement à la fois hérité génétiquement et appris dans les cadres d'un endoctrinement contrôlé qui se transmet d'une génération à l'autre. Le groupe particulier qui nous intéresse promeut la longévité et croit définitivement en la réincarnation. Chaque membre de la hiérarchie est programmé à sa naissance par des méthodes magiques à croire qu'il est une réincarnation provenant d'une longue lignée de prédécesseurs tous engagés dans ce projet. Chaque génération est alors perçue comme étant plus puissante que la précédente. Leur projet s'est ainsi poursuivi pour ce que vous considérez comme une éternité, pour en arriver à ce moment déterminant.

Ce projet, qui dévie tellement des normes acceptables, a pris forme en utilisant les deux premières lois de l'univers, attraction et intention délibérée. Cependant, il ne leur est pas possible de s'aventurer dans le flot d'énergie expansive de façon relaxe. La Loi du laisser-être est ignorée. Le contrôle rigide de tous les aspects du plan est la seule façon de maintenir l'équilibre, chaque détail étant planifié et exécuté de telle sorte qu'il s'insère parfaitement dans le plan d'ensemble. Les déviations sont détectées aussi vite que possible et tout est mis en branle pour remédier à la situation par tous les moyens possibles, selon leur précepte que la fin justifie les moyens. Cette vue d'ensemble de la logistique de leur plan ne veut pas dire qu'il est moins formidable pour tout ça. La Terre et ses habitants sont fermement tenus sous la coupe de son influence et la situation doit être intentionnellement résolue. Un endiguement approprié, pendant que les habitants s'appliquent à comprendre leurs rôles, n'est plus possible. Le contrôle exercé l'emporte sur la possibilité que ceci se règle sans une solide assistance. Cette dernière se manifeste, au beau milieu de leur jeu, sous la forme du projet d'un nouveau paradigme, avec son application à facettes multiples de toutes les quatre lois. Vous devez réfléchir sur l'envers du processus en même temps que son endroit à l'aide des nuances dans les facettes précédemment expliquées du flot créatif pour en arriver à vous représenter la table de jeu. Vous serez alors capables de choisir intelligemment de vous joindre ou non au jeu.

Le jeu sera intéressant à suivre. Une pensée participante sera intense et contrôlée, dégageant une aura de restriction déterminée, planifiant et soupesant chaque coup. L'autre sera relaxe, laissant la sagesse de la pensée pensante diriger le jeu, ce qui produira des mouvements stratégiques calmes qui s'enchaîneront de façon expansive. L'adversaire considère que chaque portion du plan représente une modification ou une action nécessaire qui doit prendre place avant qu'une autre portion puisse être conceptualisée et amenée en manifestation, dans le cadre de l'application suggérée par l'utilisation des deux lois universelles à titre de facteur autonome. Selon eux, l'équilibre est dans le contrôle qu'ils exercent. Puisque leur technique se réduit à utiliser seulement deux lois, se servant de la troisième en sens contraire, il leur est impossible d'utiliser la quatrième. En d'autres mots, selon notre analogie, ils jouent avec seulement la moitié des cartes. Il y a des références dans votre jargon qui ont trait à la folie de jouer avec seulement un demi-jeu. Tout à fait approprié !

Nous avons fréquemment utilisé des analogies dans ces messages. Chacune illustre la compréhension de deux champs : la réintroduction des lois universelles et une vue d'ensemble des stratégies de jeu en termes simples. Nous avons tenté d'accroître votre compréhension dans des messages successifs. Lorsque vous assemblez ces fragments d'information en blocs de compréhension, vous augmentez votre capacité de contribuer au projet. L'engagement et la détermination engrangent la confiance dans votre expérience quotidienne alors que vous attirez vers vous des occasions de participer. D'une part, cela fait disparaître le besoin de réagir face aux individus programmés qui sont empêtrés dans le foyer négatif et d'autre part, cela intègre le laisser-être dans votre expérience. Vous savez comment la partie se joue et vous pouvez maintenant vous rendre compte que vous avez le choix de participer intelligemment ; votre choix vous procure alors un nouveau sens de l'équilibre. En revenant à une expression expansive familière, votre sens de bien-être devient magnétique et radieux. Vous entamez le processus de transcendance.

Le processus créateur tire parti de chaque opportunité pour poursuivre son expansion. Votre cœur accueille cette merveilleuse opportunité et ajoute la dimension de l'émotion au niveau intellectuel, libérant encore davantage l'énergie de l'expansion dimensionnelle. C'est ainsi que cela fonctionne !

Chapitre 39

Il fut un temps où l'humanité tenait tout en équilibre sur cette planète. Cette expérience passée a implanté ce que vous appelleriez l'idéal dans la conscience au niveau planétaire. De plus, elle a établi la capacité de reconnaître le déséquilibre et le désir de retourner à cet idéal. La distinction entre ce qui est une expérience équilibrée et ce qui ne l'est pas vient des profondeurs de la conscience. Cette particularité de la pensée est le facteur contrôlant permettant à la planète de demeurer dans le pattern orbital du système solaire. La gravité perçue dans son rapport avec le magnétisme de la planète ne s'applique pas aux planètes en orbite dans le système solaire. Ce phénomène est en fait une application supérieure de la Loi d'attraction, soit : qui se ressemble s'assemble. Quand il y a des critères similaires impliqués dans le foyer créateur amenant un système en manifestation, cette similarité est fondamentale pour garder les éléments concernés dans le champ du foyer. En autant qu'il y a un flot d'énergie excédentaire naturelle accumulée, le système poursuit son expansion et des planètes additionnelles sont formées.

Notre propos ne porte pas sur ce phénomène comme tel mais nous voulons par là vous montrer que vos scientifiques ne peuvent pas comprendre ce qui est à la base de la Création manifestée s'ils ne comprennent pas les lois fondamentales de l'univers et le principe de la pensée pensant et agissant d'elle-même, indépendamment de tout contrôle. Une fois ce fondement accepté, alors la porte de la compréhension est ouverte. L'homme n'était jamais sensé se perdre en admiration devant ce qui l'entourait; il devait le comprendre. Le cerveau humain n'est qu'une radio réceptrice capable de capter l'épanchement de connaissances toujours présent dans le flot créateur. Le champ magnétique entourant chacun d'entre vous est comme une antenne ; mais les systèmes de croyance que vous avez acquis vous portent à vous débrancher de la station universelle pour vous brancher seulement sur l'environnement perçu par les cinq sens. L'aspect spirituel de l'hu (main) – l'aspect divin de la conscience de soi – vous est inconnu, vu l'emphase mise sur la manifestation matérielle et l'influence malveillante de vos religions. L'aventure que vous recherchez en vain se trouve dans l'exploration du voyage de l'esprit que vous êtes dans l'expérience manifestée, et dans la découverte du sentier très expansif qui vous ramènera à la Source. Ceci explique pourquoi chaque objectif que vous atteignez ne vous satisfait jamais et que vous continuez toujours de faire des tentatives, sinon vous tomberiez dans le découragement et planifieriez plutôt un retour à la cité aux rues pavées d'or pour aller y jouer de la harpe sur un nuage local.

L'humanité, telle qu'elle se perçoit elle-même sur Terre en ce moment, expérimente un degré de frustration extrême qui est effectivement incroyable. Ceci peut se comparer à un ballon se remplissant de gaz à une allure exponentielle vers le point d'explosion. Les maîtres planificateurs du contrôle surveillent ce point d'éclatement et ils orchestrent l'expansion du ballon avec beaucoup de soins selon eux. Cependant, comme les ballons provenant du même paquet éclatent sous différents niveaux de pression d'air, les planificateurs ne peuvent être sûrs du moment exact de l'explosion. Ce qui importe, c'est la façon dont l'énergie libérée est dirigée. Est-ce que cela se passera comme ils l'entendent ou est-ce que la conscience populaire éveillée à l'intérieur de ce ballon se guidera d'elle-même ? Est-ce que l'énergie à l'intérieur du ballon pourrait être réorientée, passant de la frustration à la création, ce qui dégonflerait le ballon ? Ils n'ont pas de plan contingent pour faire face à ces possibilités. Un seul petit trou dans le barrage est suffisant pour détruire la digue. Quelques petits trous ou même plusieurs produisent l'effet voulu et l'accélèrent. Pourquoi pas une grosse explosion ? Permettre aux points faibles de s'agrandir est acceptable dans le flot expansif de la Création mais la destruction délibérée ne l'est pas. Considérer des possibilités selon votre propre expérience de vie fait partie de la contemplation de soi, toujours dans le flot expansif de l'expérience. Est-ce que la pensée d'appliquer les Lois d'attraction et de création délibérée de l'opportunité, pour que leurs plans s'affaiblissent davantage, inclut la destruction de ceux qui vous mettraient en esclavage ou termineraient délibérément votre expérience terrestre ? Nous vous suggérons de retirer consciemment votre participation à de tels plans en vous concentrant plutôt sur un projet de création entièrement différent qui transcendera simplement le désastre planifié. Ceci laisserait les oppresseurs en plan, en train d'expérimenter l'autre facette de l'expérience qu'ils auront créée, tel qu'il se doit d'après la Loi d'attraction, de par l'utilisation qu'ils en ont faite. Ce serait une merveilleuse démonstration des lois universelles, en concept et en application.

Conceptualiser de simples modifications dans la perception d'une situation, utiliser un déplacement du foyer d'intention, appliquer les lois universelles qui ont produit toute la réalité manifestée, tout cela exige de vous un grand effort de compréhension de la « réalité ». Quand vous relirez ce matériel, demandez à l'aspect spirituel, la Source de votre manifestation dans cette expérience de vie, de vous donner le discernement. Demandez de savoir si ce matériel contient la vérité et quelles en sont les applications qui vous serviront, vous, les autres individus et la planète. Vous avez le droit de savoir si ceci est utile à votre gouverne ou si c'est un boniment. « Demandez et l'on vous donnera. » Cette déclaration ne garantissait pas l'apport de biens matériels comme tels, mais celui de la connaissance (de l'information) pour sa transformation en sagesse par la voie de l'expérience. Il convient de citer encore : « À ceux-là, beaucoup sera donné et beaucoup sera demandé. » Lorsque la compréhension des lois vous est offerte, on s'attend à ce que vous les utilisiez et que vous viviez sous leur égide, en application expansive et en compréhension grandissante. « L'ignorance n'est pas une excuse devant la loi. » Les lois agissent, que vous les compreniez ou pas. L'application intentionnelle intelligente est votre meilleur gage pour une aventure qui vous gardera délicieusement occupés, selon votre capacité à observer vos propres expériences dans leur ensemble et à les voir en contexte. L'attitude détermine définitivement votre altitude. Ces leçons contiennent plusieurs pièces de casse-tête qui seront assemblées par chaque tentative sérieuse d'y arriver. Curieusement, ces casse-tête, une fois assemblés, seront chacun une pièce unique qui s'agencera dans le casse-tête du prochain niveau. Vous existez à l'intérieur d'un tout dimensionnel. Même les pièces sont dimensionnelles plutôt que plates. Un changement nécessaire dans votre façon de conceptualiser est disponible ; c'est votre pierre de gué vers une compréhension plus grande. Quand vous ajoutez dimension et vie, qui est pensée pensante, à la table de jeu, cette dernière s'illumine. À l'aide de votre imagination, vous pouvez commencer à percevoir le mouvement dans le flot. Rien n'est sans vie ou stagnant. La pensée et le mouvement animent chaque quark, atome ou molécule. Aucune parcelle n'est vraiment plate ou solide. Vous ne pouvez pas passer au travers des murs dans votre corps physique manifesté à la fréquence de 68 MHz ou moins. Ceci ne devrait pas être un mystère. Quand la vibration de votre cerveau est à 90 MHz ou moins, vous êtes incapables d'ajuster votre cerveau/radio au flot universel et recevoir les clés des mystères du foyer intentionnel galactique. Les possibilités d'aventures menant à ces expériences sont passées en revue dans ces leçons. Tout n'est pas directement présenté car beaucoup d'éléments doivent être considérés et de plus grandes compréhensions doivent vous parvenir par le biais de vos processus uniques personnels. Dans le flot des Créateurs, toute unicité est divergente et cohésive, comme pour les deux côtés de la pièce de monnaie. Nous vous suggérons de visualiser quelque chose de dimensionnel plutôt que plat, incorporant (cohésion) les pôles (divergents) à travers l'expression et l'expérience, afin de retourner à l'équilibre pour repartir encore une fois à l'aventure. La pratique du discernement est une nuance intrinsèque de l'auto contemplation de l'expérience en vue d'acquérir la sagesse et de pousser l'expansion plus loin. Il est sage de l'utiliser fréquemment.

Chapitre 40

La fin du millénaire ne surviendra pas à la date indiquée par votre calendrier. (Note du réviseur : Ces messages furent communiqués en 1999.) Les cycles n'ont pas à suivre votre calendrier des saisons. Ils sont basés non pas sur la perspective de la Terre mais sur celle de ce que vous appelez le zodiaque, qui influence la Terre sous ses douze aspects d'expérience, un à la suite de l'autre. Le point de départ du voyage amenant chaque planète à passer au travers de ces influences n'est pas conforme aux conclusions des astrologues mais il est déterminé par l'équation mathématique du système solaire alors qu'il se synchronise avec l'équation maîtresse de la galaxie. On peut alors déduire que le moment exact de la fin du cycle millénaire est inconnu autrement que dans un sens général, et que vos calculs sont assez bons, à quelques mois près. Les cycles changent à des niveaux plus élevés et les corps célestes (observables dans le ciel, la nuit, ce qui est presque impossible en raison de la lumière artificielle) se déplacent tous selon ces cycles jusqu'à atteindre des points de fin de cycle pour en recommencer un autre. Il y a donc un début et une fin, ou du moins c'est là votre perception, selon votre mode de pensée finie, confinée aux royaumes plus bas de l'expérience dimensionnelle. Chaque cycle peut être perçu comme une portion du processus de respiration permettant une période de repos ou un moment passé au point zéro d'équilibre avant le changement. Le point zéro (repos) est le point où chaque création manifestée prend part à un processus « d'ingestion » d'énergie ou une collecte d'énergie nouvelle avant d'entamer le nouveau cycle.

C'est cette énergie disponible (au point zéro) que les déviants planifient d'utiliser en combinaison avec l'énergie recueillie des âmes qu'ils auront coupées de leur Source. Ils pensent que cela ajoutera un flot d'énergie excédentaire additionnel pour assurer le renversement voulu du positif au négatif. Ils perçoivent aussi que le contrôle qu'ils exercent sera accepté comme une forme d'équilibre nécessaire pour que le transfert d'énergie se fasse au point de repos du changement de cycle. Les magiciens sont convaincus que les observateurs pris dans le processus sont absolument dupés par leur magie. Malheureusement pour eux, ce sont eux qui sont pris au piège de leur propre duperie. Le Créateur et la Création ne peuvent être pris au piège de la supercherie puisqu'ils connaissent toutes les pensées et tous les plans.

Ce que l'humanité expérimente actuellement ne peut pas

exister en ce moment dans les dimensions plus hautes pour des raisons évidentes : chaque être a la capacité de lire les pensées et les émotions des autres. La fraude est impossible car les intentions sont entièrement connues. En toute logique, ceci place la responsabilité personnelle à la base de l'expérience dimensionnelle plus élevée. Les individus partageant la même expérience dimensionnelle choisissent la pensée harmonieuse pour permettre une expérience collective équilibrée. Les pensées focalisées sont connues et de plus, ce que vous appelez télépathie mentale élimine le besoin de ralentir le taux vibratoire pour verbaliser les pensées. Puisqu'ils savent tous, à ce niveau, que leur intention partagée participe au voyage de retour vers la Source de leur propre création, la transition n'est pas pavée de difficultés. Y a-t-il des déviations ? Naturellement, mais elles sont normalement corrigées avec l'appui de l'environnement. Il est rare de renvoyer un individu dans une dimension inférieure.

Une meilleure connaissance de l'histoire contemporaine de votre planète et du segment de l'humanité qui y réside en ce moment vous aidera à vous situer dans le scénario. Si vous êtes réellement un volontaire qui s'est placé lui-même dans une expérience dimensionnelle plus basse dans le but d'assister les individus qui y sont prisonniers, alors il semble plutôt injuste que vous dussiez être retenus par les limitations de cette dimension-là. Malheureusement, c'est la règle. Cependant, lorsque vous vous êtes portés volontaires pour cette mission, il fut entendu qu'à un certain moment, la mémoire de qui vous êtes, de ce que vous êtes et de l'entente que vous aviez conclue, serait complètement restaurée. En d'autres mots, on vous avait promis un appel pour vous éveiller. Le voici !

Chapitre 41

Votre conscience a commencé à absorber l'information qui vous a été présentée dans ces messages et les couches de votre subconscient se réorganisent pour permettre un ajustement d'attitude ; en conséquence, une nouvelle pensée se développe. Le monde change sous vos yeux et vous l'observez à trois niveaux : la façade, telle qu'elle vous est présentée, les activités des magiciens et la conscience collective des habitants de la planète qui se recentre. Les deux premières couches, dont vous étiez simultanément conscients, étaient présentes dans votre psyché mais elles étaient embrouillées et déformées. Leur examen détaillé a permis d'amener la clarté et la compréhension. L'ajout de la troisième couche mène à la réalisation qu'en fait, vous vous tenez debout sur le premier rocher servant à la diversion des sombres projets. Le moment est venu de vous décider. Allez-vous participer et partager une perception claire du film qui se déroule autour de vous ? Ceci est un scénario plutôt qu'une scène. Il se déroule tout autour de vous avec les trois niveaux d'activités en interaction sur la même scène, toutes avec profondeur, largeur et hauteur. Il va sans dire que le projet est pour l'instant l'activité la moins précise. Ça, c'est votre travail. Vous trouverez la description sommaire de l'emploi dans ces messages. La structure est là ; il vous revient personnellement « d'étoffer » le projet. L'aspect libre arbitre est la balle dans votre camp. Que vous la ramassiez ou que vous laissiez tout tomber, c'est votre choix

Dans ce drame, cette tragédie ou cette histoire d'amour (votre choix), nous jouons le rôle de producteur du film. L'écriture du scénario, la direction du film et l'interprétation des personnages sont vos contributions. Le producteur fournit le financement et décide si le script proposé peut recevoir l'approbation des investisseurs. Si les scénaristes n'apportent pas aux producteurs un scénario à proposer aux investisseurs, les producteurs peuvent décider qu'un certain thème serait vendable et solliciter l'aide d'autres écrivains pour en rédiger les grandes lignes. Puisque aucune œuvre littéraire portant sur le nouveau paradigme n'a encore été écrite, le propriétaire du théâtre a indiqué à ce producteur qu'il aille solliciter auprès des intéressés l'ébauche d'un nouveau paradigme, commençant par une déclaration d'intention pour en établir le thème. Voici votre invitation à participer. Puisque c'est une production genre Cecil B. DeMille, la collaboration est recommandée.

Les analogies utilisées ne signifient pas que nous ne prenons pas la situation au sérieux ; elles sont utilisées pour infuser la compréhension aux niveaux subconscients. Les images s'assimilent facilement et avec clarté. Les mots sont filtrés au travers d'une myriade d'expériences passées individuelles, d'attitudes, d'opinions et de toute la programmation que chacun de vous porte en raison de l'endoctrinement délibéré que vous avez reçu. Les films et la télévision ont été leurs outils de supercherie. Cependant, les images produites par l'imagination sont bien plus puissantes. Par exemple, en des temps jadis pas si lointains, les histoires qu'on racontait présentaient des mythes et légendes qui faisaient appel à l'imagination. Les dessins animés actuels pour enfants et les films sont utilisés pour réprimer l'imagination intérieure et étouffer l'instinct créateur. Les images programment le subconscient. Les images projetées avec l'intention de reprogrammer le subconscient accomplissent très vite cet objectif.

Se focaliser, c'est utiliser l'intention délibérée soutenue par la détermination. La planète et l'humanité continuent de réclamer à grands cris la fin de ce scénario, mais seule l'humanité peut y mettre fin par la création d'une nouvelle intrigue, d'un nouveau scénario et d'une nouvelle pièce de théâtre. Le libre arbitre permet à l'humanité de choisir de continuer la projection du film actuel ou de simplement faire tourner le plateau pour la prochaine production.

Toutefois, il faut que la scène soit en place sur ce nouveau plateau, une scène invitante qui inspirera l'auditoire à participer à la création de cette pièce des pièces pour la planète entière.

Il ne nous appartient pas de jouer le prochain acte. Il est entre vos mains. Votre réponse à cet appel à l'éveil est votre choix, une fois que ce message vous a rejoint. Votre cœur connaît-il quelqu'un qui vibrerait au défi que nous avons focalisé dans le message ? Apporterez-vous votre dévouement à cette cause tellement importante ? Est-ce que vous lirez et étudierez l'information fournie avec l'intention de permettre à son message de remplir le vide qui résonne à l'intérieur de vous à cause des supercheries des sombres magiciens ? Quand vous pensez à la petite prière « Je suis un humain en devenir, aidez-moi à devenir ! » ou que vous la verbalisez, demandez d'être guidés au travers de vos sentiments pour que vous puissiez trouver votre réponse. Vous attirez vers vous la connexion vibratoire qui vous relie à votre Source, la raison de votre expérience de vie ici et maintenant. Les lignes de communication s'ouvrent et des semblants de miracles commencent à arriver par coïncidence et par concordance. Surtout, un calme et une attitude paisible prévalent dans votre expérience. Votre expression change et vous savez qui vous êtes, pourquoi vous êtes ici et qu'est-ce qu'il y a à faire à chaque moment. Vous avez une raison d'être, une mission et il y a de l'espoir pour cette planète après tout.

Chapitre 42

Dans les temps à venir, ceux d'entre vous qui choisiront de faire partie de la transformation holistique de cette planète et de ses habitants montreront le chemin en vous transformant vous-mêmes. L'humanité est inspirée par l'exemple, non par les mots, qu'ils soient écrits ou parlés. Chacun de vous sera-t-il aussi fameux que Mère Teresa ? Certainement pas ! L'exemple que vous offrirez sera celui de vivre une vie d'intention délibérée. Vous faites de chaque jour l'expression de votre intention d'être un humain en devenir pour que l'humanité devienne et que la planète devienne. Cet engagement à l'unisson créera une aura de magnétisme qui se reflétera dans tous les aspects de votre expérience. Cela fera-t-il de vous un millionnaire ? Probablement pas. Votre intention est de participer, dans le flot créateur plus vaste, à une expérience dont les paramètres sont encore inconnus à ce moment-ci. Le concept de base, sur lequel se fondent toutes les dimensions plus élevées, repose sur la compréhension que la pensée unanimement partagée de retourner au niveau du Créateur est une condition primordiale pour faire partie d'une conscience évolutive.

L'attitude d'accumuler et de maintenir la richesse matérielle de manière arriviste est sans intérêt. Durant la période de chaos facilitant la transition, ceux qui ont l'intention de prêter main forte pour assurer la naissance du nouveau paradigme plutôt que de maintenir des valeurs à transcender, seront assistés en ayant à leur disposition ce qu'il leur faut pour diriger les facettes indispensables de l'organisation. Ils n'occuperont pas des positions de dirigeants mais ils établiront l'idéal ou l'archétype de collaboration. Précédemment, nous vous avons posé une question à laquelle vous deviez réfléchir : pouvez-vous conceptualiser un système dans lequel il n'y a pas de niveaux de direction hiérarchisés parce qu'ils ne sont pas nécessaires ?

La pensée unanime qui reconnaît que chacun a, de par son expérience individuelle, la responsabilité personnelle d'atteindre le but harmonieux (partagé) de « devenir », cette pensée-là établit un environnement coopératif. La coopération remplace la compétition et la peur disparaît. L'accumulation de la richesse est motivée par le désir de se protéger ; ce désir naît de la peur de ce que l'avenir réserve et il est nourri par l'ego qui tient son pouvoir de la compétition. Une phrase illustre adéquatement ce déséquilibre : « Celui qui meurt avec le plus grand nombre de jouets gagne. » « Il est plus facile pour un chameau chargé de passer par le chas de l'aiguille (référence culturelle à la porte utilisée par les petites gens dans une ville ou une résidence) que pour un homme riche d'entrer dans le royaume des cieux (un état de satisfaction). » Ceci est vrai non pas en raison des choses matérielles accumulées mais en raison des attitudes fondamentales qui motivent la personne. Les fonds de retraite sont nécessaires parce que ces mêmes attitudes et croyances apportent la maladie et la dégénérescence du corps, illustrant le manque de confiance fondamental dans le flot d'énergie du Créateur qui vous a engendré et offert cette expérience de vie. En deux mots, dès votre naissance, on vous enseigne à commencer à nager à contre-courant du flot expansif créateur. Le moment est venu pour vous de vous mouiller. Grimpez sur un rocher, regardez bien autour de vous, plongez et nagez dans le sens du flot expansif. C'est tellement plus facile et plus agréable.

Nager dans le sens du courant permet à l'être en « devenir » de penser en lui-même et de lui-même. L'expérience harmonieuse qui en résulte est celle d'être entièrement soutenu dans cette quête. C'est impossible à accomplir dans l'environnement de l'humanité nageant à contre-courant à moins que vous ne fassiez partie d'un groupe coopératif qui est littéralement sorti du flot. Vous sortir du flot et monter sur le rocher, observer soigneusement la situation et prendre la décision d'entrer dans le flot galactique plus vaste qui se déplace en expansion créatrice, vous tire de la masse qui se débat. Une fois que le groupe initial passe à l'action suivant un choix fait en toute liberté, les gens se joindront en nombre croissant et un nouveau flot se formera qui rejoindra le flot galactique. Quand ceux des masses, s'épuisant eux-mêmes littéralement en dépensant leur énergie créatrice dans la bataille, vous observeront vivant votre vie avec facilité et sans heurts dans ce flot, votre mission de renverser le flot sera bien lancée.

Votre billet de retour est poinçonné pour la première fois quand vous vous sortez de là, que vous vous tenez debout sur votre rocher à observer la situation et à reconnaître que c'est bien ce qui se passe en ce moment, en 3e dimension sur Terre. Le second trou est poinçonné dans votre billet quand vous faites un choix et que vous prenez l'engagement de créer un nouveau paradigme d'expérience. Le troisième trou est poinçonné quand vous concrétisez le changement dans votre conscience et modifiez l'expression de votre vie par la pensée et l'action, en harmonie avec votre engagement de faire naître ce nouveau paradigme d'expérience avec les habitants de la Terre. Vous serez absolument conscients de la raison d'être de votre incarnation ; le questionnement vide s'arrêtera. Vous vivrez alors dans l'accomplissement de votre raison d'être. Choisir autrement détruit votre billet. Pouvez-vous en obtenir un autre ? Plus tard peut-être, mais vous aurez raté l'objectif et l'opportunité que vous aviez choisis.

Relisez, réfléchissez, priez et décidez ! Le libre arbitre est votre privilège et votre responsabilité. Utilisez-le avec sagesse !

Chers messagers

Le manuel est maintenant achevé ; il est temps que nous dirigions l'intention de ce flot d'information vers la prochaine phase. À mesure que le mouvement prend de l'ampleur, non pas tant au niveau de la manifestation comme telle mais dans l'intention de participer, l'idée fait son chemin qu'il existe un point de crise. Notre caillou dans l'étang de la conscience populaire, sans aucun doute bien minuscule à vos yeux, est en fait puissant. Le changement de perception est le point de départ le plus important qui soit. Ceci surpasse les émotions négatives de colère et de désir de vengeance. Votre Bible déclare: « La vengeance est mienne, dit le Seigneur.» C'est absolument faux mais cette déclaration contient le conseil de laisser la Loi d'attraction suivre son cours naturel. Votre loi du karma mal comprise, telle que citée quand quelqu'un désire recevoir « ce qui lui est dû," est en fait une référence déformée à la Loi d'attraction. Il en va de même lorsqu'elle est citée pour juger : « Ne juge pas et tu ne sera pas jugé.» Il serait sage d'utiliser plutôt la Loi du laisser-être, comme dans «Je suis un humain en devenir, aidez-moi à devenir ! » ou « Ils sont des humains en devenir, aidez-les à devenir!» ou encore « Il est un humain en devenir, aidez-le à devenir ! » Une telle prière pour autrui est un partage du cadeau de la grâce et c'est certainement là une expression du laisser-être ! Ceci mène au niveau suivant de mutation dans la conscience humaine, au-delà du soi, dans l'inclusion des autres par le biais du laisser-être, transcendant ainsi le besoin de contrôler.

Il est important de renoncer au désir de citer les lois et les règles lorsqu'on travaille dans le cadre de l'intention qui entend inclure la conscience populaire de la planète entière. Ces lois et ces règles ne se vendent pas bien, spécialement avec la diversité des compréhensions qu'on retrouve dans la conscience de sept milliards de Terriens. Le retour à la base des bases, en langage simple pouvant facilement se traduire avec le moins de distorsion possible, est des plus logique. KISS (Keep It Simply Stupid, c'est-à-dire : Limitez-vous à l'essentiel.) est en effet la règle. Les acronymes aident à piger vite. Peut-être pourrions-nous inventer AILE pour Attraction, Intention, Laisser-être et Équilibre ou PDTQ pour 1ere, 2e, 3e et 4e. Pour arriver à traverser les barrières religieuses, culturelles et de langage, des applications simples doivent enseigner les lois de base sans formalités. Elles doivent être pratiquement applicables dans toutes les situations de la vie et produire le changement de perspective désiré, ce qui se traduit en changements d'attitude et de conscience. C'est possible d'y arriver avec quelques mots simples comme AILE. Ceci semble paradoxal dans un monde où une quantité effarante de communications voyagent littéralement plus vite que la lumière. Effarant, c'est le mot. Le paradoxe inclut les nantis qui ont envie d'une plus grande simplicité et les pauvres qui ont envie d'une plus grande complexité. Le vide intérieur existe en tous points sur l'échelle de l'expérience humaine sur cette planète, excepté pour ceux qui sont maintenant conscients de la création du nouveau paradigme.

Lorsque les gens prennent connaissance de ces messages, leur premier instinct est de vouloir partir « en mission » avant même que l'étude et la réflexion n'aient provoqué les changements de conscience fondamentaux nécessaires qui vont permettre le synchronisme dans les rencontres avec des gens et permettre aussi que l'information leur révèle au niveau conscient ce qu'est leur part de travail. Pour les multitudes, le changement de perspective et d'attitude résultant de l'utilisation de la simple prière est tout ce qui est requis. Ceux qui relèvent le défi vont récolter les miracles d'une expérience de vie plus riche, au milieu du chaos, grâce à leur concentration sur l'intention dans la vague de la nouvelle conscience. Passer le message (le mot) et appliquer les lois de base dans leur vie quotidienne est la mission la plus importante de toutes. Si l'application des lois n'est pas introduite aux niveaux fondamentaux de l'expérience humaine, alors tous les messages ne servent absolument à rien ! Ce sont là les ondulations sur l'étang. À quoi bon les cailloux si l'étang reste immobile ? La conscience de victime doit être transcendée pour que l'humanité puisse reprendre son pouvoir.

Quand vous partagez le cadeau qu'est cette information, vous devez être capables de fournir du feed-back à ceux qui la reçoivent et répliquent en mode réactif. Le désir, jusque là refoulé de voir arriver le changement, est enfin libéré. Vous devez pouvoir offrir une direction à ceux qui viennent vers vous pour être guidés. Un autre aspect de la responsabilité personnelle est ainsi exprimé : reprenez votre pouvoir et servez-vous-en avec l'intention d'apporter l'équilibre. Se sentir équilibré dans l'expérience est nécessaire pour être un membre efficace de l'équipe au sol. Relire, étudier, réfléchir et appliquer dans l'expérience personnelle ce que ces messages contiennent prouvera la validité de l'information et apportera l'équilibre dans le chaos. L'équipe au sol accepte ceux qui sont éveillés, conscients, engagés, centrés et équilibrés. Ceci fait ressortir la capacité d'agir plutôt que de réagir. Si ce n'est pas encore le bon moment d'agir pour les individus, alors encouragez-les à continuer à étudier, à partager le message et à demeurer dans l'effet ondulatoire pendant qu'ils attendent patiemment. C'est l'espace que vous devez occuper pour être efficaces et prêts. C'est de remplir d'huile le réservoir de votre lampe pour qu'on puisse l'allumer au moment opportun.

Alors, devenez cette conscience !

De la même source et déjà traduits :

Deuxième livre de la trilogie :

Embrasser le rêve

Troisième livre de la trilogie : Devenir

Il est possible de télécharger gratuitement ces trois livres en accédant aux différents sites Web francophones qui les offrent.

Vous pouvez commander les versions anglaises originales ainsi que les traductions françaises et espagnoles de ces trois livres, en format imprimé, sur le site Web anglophone suivant :

www.nomorehoaxes.com

Vous pouvez également commander les traductions françaises de ces trois livres, en format imprimé, sur le site Web francophone suivant :

www.nouveau-paradigme.com

EMBRASSER LE RÊVE

Ce livre, Embrasser le rêve, le 2e d'une série de 3, fait suite aux messages offerts dans le premier livre intitulé Manuel pour le nouveau paradigme. Les auteurs de ces messages visent à guider les lecteurs vers l'acceptation des concepts qu'ils proposent en vue de créer une nouvelle expérience de vie pour les humains en devenir sur Terre. Chaque message ajoute aux compréhensions conceptuelles portant sur la nécessité pour l'humanité de se débarrasser des limitations qui lui ont été imposées et qui les empêchent de comprendre qui ils sont et ce qu'ils sont vraiment. Ce livre révèle la vérité sur certains mensonges choquants, enseignés intentionnellement pour limiter et priver l'humanité de ses occasions d'évolution spirituelle. Il explique comment il est possible de revendiquer le droit inné d'un peuple à l'autodétermination, de créer librement sa propre destinée et de guérir la planète et ses habitants, cette entité vivante globale, via le processus dynamique suggéré.

DEVENIR

Les messages contenus dans ce livre, troisième et dernier de la série, sont offerts afin de soutenir la réalisation en cours portant sur l'identité et la nature de l'être humain. L'information présentée dans chaque volume déclenche de profondes prises de conscience ; elle mène à la compréhension que l'humanité sur cette planète forme en réalité une conscience intégrale et sainte. Il se dégage de ces myriades de systèmes de croyance humains l'image unique d'une conscience composite. Cette pensée globale crée la réalité de l'expérience humaine. Des efforts faramineux sont actuellement déployés avec l'intention d'influencer la manière dont l'individu et la conscience collective perçoivent l'expérience humaine. Si le mental a comme fonction de décoder la réalité environnante, ce sont les sentiments qui déterminent combien elle est crédible. La confusion interfère dans la capacité de choisir entre ce qui paraît être vrai et ce que les sentiments désignent comme étant vrai. Mais sous toute cette rhétorique focalisée sur les niveaux subconscient et conscient à l'intérieur du flot actuel d'information sous toutes ses formes, on retrouve un désir humain : celui de choisir librement ce qui constitue le meilleur entre tout, pour soi-même et pour l'ensemble planétaire. L'humanité se tient à la fourche, au point de décision, où elle doit soit accepter ce qui lui est présenté comme étant le meilleur, son bien le plus élevé, soit repousser les suggestions programmées et choisir pour elle-même un avenir totalement différent. Au cœur de toute cette question, nous retrouvons l'occasion de choisir la coopération plutôt que la compétition, l'amour fraternel et l'assistance plutôt que la haine et la violence. Le moment est venu d'observer, objectivement et logiquement, la situation mondiale qui résulte de la compétition et du concept de la survie du plus fort – une approche qui isole les humains les uns des autres. Les individus qui feront le choix de poursuivre une nouvelle ligne de pensée montreront la voie vers une interaction différente entre les humains et créeront avec le temps un nouveau paradigme d'expérience pour l'ensemble planétaire. Le moment est venu de se mettre à l'œuvre.

**Pour obtenir un catalogue gratuit,
téléphonez au
1-800-729-4131
ou visitez www.nohoax.com**